# CON TODO LO QUE ERES

**Daniela Sánchez Castellanos**
**Ilustraciones por Augusto Sánchez Castellanos**

# CON TODO LO QUE ERES

**Daniela Sánchez Castellanos**
**Ilustraciones por Augusto Sánchez Castellanos**

**ꝡola**
PUBLISHING
INTERNACIONAL

ISBN: 978-1-63765-151-3

Hola Publishing Internacional
*www.holapublishing.com*

Impreso y encuadernado en los Estados Unidos de América

Dedico este libro a todas aquellas personas
que me rodean, a todo lo que hace posible
que cada término, ser y espacio coexistan.

"No es coincidencia, es el asombro de la perfección".

Daniela Sánchez Castellanos

# ÍNDICE

# INTRODUCCIÓN

Lo único que este libro dispone es que lo leas con la mente abierta con respecto a lo que encuentres dentro, algo lejos de lo habitual. Puedes leerlo en desorden, volver a él cuantas veces quieras, pero, por experiencia, resulta placentero hacerlo al hilo, o de corrido, como es dicho.

No contaré el final de la película porque ese no es mi estilo, pero si pretendes obtener la idea general del contenido siguiendo estas líneas, te la daré: tomando como referencia la relación entre seres inertes y seres vivos, lo que los hace distintos y a partir del conocimiento de uno se aprecia de otro, desarrollé siete capítulos sobre asuntos que determinan cómo ves, cómo te ves y qué hay con ello.

Sin decir que será un parteaguas, la intención de este libro es que lo tomes con introspección. A mí me hizo bajar la mochila en múltiples ocasiones, aunque también me obligó a tirar súbitamente de ella. Construí a partir del rededor y el interior, aprendí a soltar y a apreciar de forma diferente.

Te invito a descubrir este contenido, será un placer conocerte.

# DECISIONES

Como un cúmulo de emociones que te confronta, enredaderas que acuñan la mente como territorio fértil sensible a cualquier tacto. Actos capaces de llevarte por caminos desconocidos, instantes en los que moldeas tu propio rumbo ante una guía, que lo único que te asegura es la llana promesa de que impactará tu carácter.

El significado de una decisión es tan simple como quieras verlo, es el grado de dificultad que otorgas al hecho de mover el timón en cierto sentido y aceptar que tu barco navegue a través de aguas nuevas.

Con destino confirmado o sin certeza de él, navegar puede parecer engorroso y en cierta medida algo arriesgado. Llevarte del punto "a" al punto "b" puede considerarse más que algo emocionante: el simple paso consecutivo o el inminente error.

Cambios de orientación o corrección de la trayectoria, tal vez cualquiera de las anteriores. No cuentas con un manual de usuario para estructurar todo el camino, pero sí el contexto y la disposición para que, pase lo que pase, encuentres una solución.

Por tu fisiología eres capaz de recrear escenarios en la frente, de imaginar al público y al juzgado sobre las butacas; es un don que te permite prepararte, armar posibilidades y mensurar algunos pasos necesarios. No obstante, ese escenario puede estar vacío o repleto de aquello que quieres tener contigo. El objetivo, el plan, no siempre está completo; a veces faltan detalles que esperan un señuelo para agregarse uno tras otro.

Parece ser que un sentimiento alberga más allá de la intuición. No se valora que toda la información reside en el mismo sitio, aunque parezca bueno comenzar a incluirla, invitarla a fiar más contigo.

La convicción es la garantía más cuestionada, y me atrevo a decir que el argumento con mayor razón. Pero aun con ella sueles dudar al sentir diminutas pruebas del peso que se avecina, el cual no conoces y probablemente crezca como sucesor de la credibilidad a tus reacciones.

En mi caso, he estado en situaciones que demandan la comprobación de mis logros, pequeñas muestras de cuánto me enorgullece lo que soy y, así de sencillo, "fallo". He llegado a especular la ausencia de lo que ni siquiera he ganado, sensaciones que me invaden opacando cada múltiplo, productos del aprendizaje.

Noto cómo reacciono justo antes de que suceda, disminuye la temperatura en mis manos y tiemblan mis dedos (incluso al saber qué hacer). Como si eso no fuera suficiente, ocurre con mayor frecuencia en casos determinantes. Apuesto que tienes tu propio patrón.

Considéralo: a pesar de que la elección es tuya, a veces te sitúas lejos de los puestos que ansias ocupar, escenarios que quieres compartir, pero gracias a ello obtienes ventaja sobre lo que posteriormente sucede, señales del camino que quieres rondar.

Cuesta no tener control sobre la adrenalina. El cámara y acción me funcionan como si pausara todo con un clic, tomo el papel y recuerdo que la que habla ahí soy yo, que es mi voz y mis ideas, que tengo la oportunidad de que me escuchen. Es como si desplazara las cortinas para que comience el acto, a veces hasta pauso un poco para apreciar el territorio donde estoy parada.

El empeño por conseguir llega más lejos que la obsesión. Cuando trabajas con cada herramienta construyes lo que crees que te dará impulso; de inmediato estableces tu atención en lograrlo y abandonas u omites otros aspectos por algún tiempo con toda la razón que te acoge. Eso permite obtener satisfacción y concentrarse en el verdadero foco.

En cambio, al obsesionarte llegas a un borde en el cual cada paso que das se complica; recibes factura de la escasez que adquiere tu crecimiento, desde la última vez que osaste reconocerlo.

La aceptación individual te ayuda a distinguir lo que no es para ti y soltar así la liberación de otro peso. Date cuenta de las razones de esto no sólo incluyendo las contradicciones que ingresan como pensamientos, sino también los puntos a favor, vitalmente equivalentes.

Arriesgarte es bueno si te detienes a analizarlo. Ten conocimiento de cuánto te importa fallar, porque si tu próxima meta es fija es preferible fallar al entregarlo todo que continuar intentando sin tener éxito. Aquello por lo que decides funcionará cuando eso es lo que deba suceder.

La experiencia sin aplicación es nula, no establece alguna pauta a la seguridad de dar respuesta en cualquier circunstancia similar ni en cualquier momento análogo; no indica cuando una decisión es correcta, pero es imprescindible.

Es atinado, entonces, alimentar la fuerza que das a tu criterio, contar "mil-uno" cuando prestas atención y encontrar la forma de obtener lo que con certeza has buscado. Si decides ir por ello será un estupendo hilo para comprender por qué has actuado.

## MÁS ALLÁ DE LO QUE PIENSAS

Finita es la cantidad de factores que influyen al tomar una decisión, infinito es el número de posibles trazos por marcar, y sólo una la situación interrogante que presume su existir.

Observas repetidamente a un rincón, te preocupas tanto por lo que se avecina que prácticamente dejas de vivir por concentrarte en una sola pantalla. No te percatas del modo en que lo haces, optas por sufrir antes de ver qué está de frente.

Las decisiones son más que oportunidades por doquier, son momentos en los que eliges actuar día con día; momentos en que lo crees y lo haces. Si no hay por qué no habrá cómo, y cuándo hay cómo: se puede.

Enfatizo que las decisiones son realizadas por convicción, porque aún en medio de tortura se seguirían soportando por la elección de vivir. Sí dependen del contexto los motivos para aceptar, pero todo apunta a un solo sitio al final del camino: la aspiración.

A veces olvidas lo que significa ser humano, lo que involucra serlo. Ignoras que disfrutar cada instante es fundamental y el origen del motor que te mantiene activo.

De lado a cada prejuicio, bajo cada movimiento, detrás de todo rincón, se hallan elementos ocultos; tan pequeños o grandes como quieras catalogar; tan desagradables o agradables como desees figurar; algo que demuestra cómo el aprendizaje no se detiene y que descubre posibilidades de cruce hacia nuevos horizontes.

Ten presente que existirá la forma de ubicar una conexión entre caminos, rutas alternas o puntos de encuentro. Aclaro: llevará tiempo enfrentarlos; el periodo preciso para llenarte de energía y continuar avanzando.

Construir el evento depende de tus acciones, porque solito te colocas la insignia, solito te ganas los nombramientos. Empéñate en dejar para mañana más de lo que pudiste haber hecho hoy y te aseguro que te costará igualar el paso.

Cerca o lejos, basta pasión y sobra fe cuando decides, cuando otorgas credibilidad y te concentras en lo que haces. Es hermoso experimentarlo con tu capacidad de ser humano, es como si todo se detuviera de repente y tocara el turno para congeniar o devolver tu parte. Si la paciencia se abandona toman lugar los impulsos, no las decisiones.

Si te quedas por mucho tiempo en contextos inalterables, abusas de la tolerancia al tiempo; pero si no permaneces hasta averiguar que lo son, partes antes de recibir respuesta e interpretar el aspecto de ese nuevo patrón. Las fases tienen un orden natural, agradezco que tengamos referencia. La clave es prepararse y, cuando toque mostrar esa cara, contar con destreza suficiente para subir sin tropiezo.

## SIN DESVIAR EL CAUCE DE SU RÍO

En ocasiones, tomar decisiones involucra la vida de alguien más, eso es algo que no conviene pasar por alto. El respeto es un parámetro delicado cuyo rango debes cuidar; está invitado prácticamente a todos los actos, no se ejecuta en automático ni tampoco queda implícito.

Es preciso ser empático y encaminarse con valentía para reconocer posiciones certeras, tanto de la persona que está del otro lado del asunto o se ve afectada por la toma de esa decisión como de la tuya. Una vez que reconoces a esa persona sin permitir la presencia de temor ni evasión frente a interrogatorios, entonces confirmas cómo proceder. No sabrás lo que ocurre con respecto a la vista trasera u opuesta, pero habrás de comprobarlo. Así que cualquier idea que llegues a tener de las circunstancias obtendrá el título de "suposición".

Tienes la garantía de los actos concluidos, los que forman parte de tu memoria hasta ese punto, he ahí la importancia de cada "fin". Por lo que convertir a las suposiciones que generas en una realidad figura como una gran obra de actos idílicos, un "coco" que alimentas a diario con imaginación dirigida, mas no diversa.

Puedes bombardearte con preguntas que intuyes; éstas no cuentan con una firme respuesta y eso no es todo: las haces compañeras hasta llegar a esquinas donde toda salida ha quedado atrás. Lo cierto es que hacer tormenta antes de que cambien las condiciones aumenta la probabilidad de que te tome por sorpresa y el día que caiga el primer rayo, algo te olvides de empacar.

Haz un calendario o coloca recordatorios a la redonda. A mí, claramente, escribir las cosas me es útil, pues me ayuda a coordinar un orden físico y mental. Dar tiempo a las actividades para lograr avances conjuntos aumenta el dinamismo de mis días y me enseña más que disciplina (lo cual es fundamental para seres tan complejos); me enseña que los papeles sólo se interpretan para ser protagonizados, de otro modo parecen falsos.

Probar aterra, entregar a cambio lo que en tus manos esté para conseguir un objetivo. La gran garantía es la experiencia, sin ella la mente confunde al aprendizaje con un terrible enemigo, que aún saturada en acepciones amenaza con modificar su integridad en la primera oportunidad que encuentre.

Lo que crees como miedo y lo que creas como él es instinto. Si sabes qué quema o has visto qué arde, evidentemente no será diferente contigo, la cosa está en aprender a distinguir si significa una advertencia o si estás inventando pretextos para apagar la llama. No te quemes, conoce tus cualidades; entenderás si tomar el extintor es mejor opción que llamar a los bomberos.

Hay situaciones más sencillas que apagar un incendio, como probar una fruta o aprender a andar en bicicleta, pero eso es parte del autoconocimiento; cada uno aprende desde donde gusta hacerlo. No todos deben viajar para apreciar la naturaleza con profundidad o la diversidad, no todos deben dar una conferencia para ser mentores ni deben ganar una medalla para dedicar su vida a la competencia; pero el cómo te sepa a ti el vino es algo que yo jamás sabré.

El miedo se define como reacciones sentimentales que recaen sobre opiniones negativas y forman un cauce que fluye a su destino. Estas reacciones son tan poderosas como permitas que sean, como pienses que sean. Les puedes otorgar el privilegio de consumir hasta tu último aliento, de terminar con tus motivaciones y eliminar creaciones que fomentarían mayor cantidad de ellas.

Si reconoces raíces frágiles, atento cuando las sientas; trabaja por encontrar los puntos de inflexión. Si tú eres quien lo atrae, quien lo forja, puedes dominarlo también. Sé que no parece ni en pequeña medida algo sencillo, por eso te recomiendo hacer un esfuerzo importante por conocerte, al menos un poco más.

Como lo es cualquier sentimiento en cada una de sus presentaciones, el temor es indescriptible. Es una de las peores creaciones patrocinadas por la mente, un arma que cuenta con la opción de ser utilizada para fines indeseables e injustos. Eres tú destruyéndote a ti mismo.

Sin quedarte con ideas enfrenta lo que se avecina o aguarda latente; no las retengas al cerrar candados ni mucho menos deseches claves, eso sólo ayuda a detenerte sin contar con la apertura de tu celda.

Se crítico, no es necesario convertirte en tu enemigo mental, deja que todo fluya a través de cada célula en tu cuerpo; permítete estar ahí. Ten presente que eres creación en cada minúscula y maravillosa extensión, el poder de tus palabras y tu ser en general va más allá de todo aquello que ves, sientes e imaginas.

Aprendes con múltiples sentidos, por consiguiente, respeta que la madurez no sea la misma en tu caso. Aplica recepción evolutiva, inclinación al débil y afinación al fuerte. Sólo intentar hacer algo no servirá. Para tener una idea mínima de aquello que afrontas debes tomar iniciativa y atravesar fronteras de cambio.

Si llegáramos en una vida a conocernos por completo ya no habría más que averiguar. Compartir experiencias nos vuelve cómplices de semejanza, testigos de reflexión y es grato.

## SOLO

Reflexiona ante tus necesidades primarias, gustos, actitudes e impulsos. Se paciente, el momento llegará de manera singular; quizá no como esperabas, pero será aún mejor que eso.

Ten claro que no hay desperdicio, hay sabiduría. Por supuesto que no hay deseos, sólo sed de conocimiento y experimentación. Toda forma en que recorres tu camino, cada segundo, es aprovechado.

Elegir en qué dirección irás resulta más sencillo de explicar que el trayecto mismo. Requieres contar con un indicio del lugar al que quieres llegar o del cual te gustaría alejarte, así como tener en mente los vectores que apuntan a tus visiones siendo tu cómplice y tu consejero.

Si en vez de burlar errores caes en ellos y te atrapan, confía en el lapso de permanencia. Esto te muestra lo importante que es estar contigo y ver por ti, otorga la lista de pendientes que has olvidado cumplirte y enseña que los problemas no son tan fáciles de solucionar sin el cuidado que es indispensable concederte. La falta de trabajo en ti mismo demuestra que las marcas son prácticamente cicatrices cuando dejas de lado la estabilidad; sabes cómo es el desenlace cuando te ignoras.

Dentro de un mundo que demanda optimización hallamos baches, topes, grietas, sitios de confort y competencia. Así que no recomiendo retener más de lo debido a la decepción, ya que cada uno de esos posibles falsos puede convertirse en un puente, un atajo o tal vez un túnel.

La reflexión arguye que por equivocación también se acierta, revela que te preparas para el momento del arribo y el destino se prepara también para recibirte. La demora no es sencilla, abundan los conflictos internos, afecta tu "rutina apasionante" y no hay respuesta afable de tu parte cuando eso ocurre.

En la búsqueda por encontrar la causa que te arrojó a determinada posición te topas con percepciones del mundo, y su alrededor, que no habías adoptado; o habías negado asignar sobre ellas el suficiente interés. Al inicio argumentas las evasiones a tu alcance como una capa para ocultarte de lo que ocurrió, y anulas cualquier sospecha ya que evidentemente buscas conservar la imagen de tu impecable historial obscuro, en blanco. Con esto logras que tu visión, a través de situaciones que enfrentas a diario, se amplíe con tal dimensión que cubra tus ojos. Entonces, con un criterio más fuerte que se sitúa varios metros delante, se abren sobre la mesa las cartas que participan en tu juego.

Toma en consideración qué tan adecuadas a tu esencia son las ideas de vida que hasta el momento te has planteado, conoce aquello que no precisamente encaja a la demanda. Mejora la estructura y gestión que das a tus planes.

Gracias a las incógnitas y alternativas es que se trunca tu crecimiento en algunos vértices, pero así sea la montaña más alta, asegura el siguiente paradero. Si en verdad es lo que quieres y crees qué será un buen sendero, ¡esfuérzate! Si tropiezas continuarás aprendiendo, quédate con eso.

Posiblemente creas entre dientes las respuestas sin siquiera saber algo acerca de las preguntas, pero tranquilo, si llegas a percibir una salida, la cual te convence, eres feliz y además promueve sanidad, ¡cambia el ritmo! Con todo lo que eso implica. Es probable que dudes aun estando seguro; que llores aunque seas feliz; que te sientas vacío aunque nada te falte; que estés incómodo e igualmente terrenal.

En el acomodo de las capas de la Tierra, las placas tectónicas provocan modificaciones y gracias a ellas se evitan desastres naturales. La constante actividad sísmica, entre líneas, aleja del 85[1] para acercar a otro septiembre. Esto conlleva liberaciones de energía y descarta mayores catástrofes.

Por lo tanto, es importante reconocer que casi todas las rutas de evacuación sirven como accesos cotidianos, pero no todas las salidas de emergencia son indicadas.

## RODEANDO MONTAÑAS

Identificando un roble a través de un pino, despreciando la calidad de la madera; del mismo modo encubres circunstancias, haciendo que simulen atractivas las consecuencias. Las dos especies de árbol han permanecido a tu lado durante el trayecto cerrado que has marcado con el tiempo; aquel que ha crecido con desviación en ramas y aun con ello luce como si fuera perfecto.

Situado junto a huellas que han dejado tus zapatos, cerca de la cabecera de una gran montaña, se presenta una de tantas ambiciones que has recolectado. Pierdes pista de la senda gracias a la erosión del viento; viajas a mayor velocidad a medida que incrementas altitud, como si difuminaras huellas al repetir pisadas.

Creas las rutas ideales cuando olvidas analizar el horizonte mostrado en tus hojas de relieve, ignoras tu investigación a fondo de situaciones adversas, desde el

---

[1] Refiere a 1985, año en que un terremoto con una magnitud de 8.1 (Mw) impactó México.

origen de la expedición hasta los incidentes que no están en tus manos.

Aun con un mapa construido en sumo detalle, con los puntos a tocar antes de tus metas, presumes maestría como cartógrafo siendo un estratega que pinta lo eficiente. Todavía con ello es posible perderte si omites la toma de tus propias decisiones. Vives como una aguja sin corcho.

Cuando cumples con normas previamente dictadas te cierras a cualquier intermitencia, duplicas enigmas. No importa que tan efectivas creas que son las causas, optas por soportar otro tipo de árbol al verte perdido.

Con suelas blandas que en los zapatos se agotan y en función al hundimiento se desgastan, los ciclos afectan tu autoestima y en simultáneo rozan a otros que los rodean. Las variaciones de árbol surgen como resultado de procesos evolutivos, entonces, demeritar su valor por no convenir, demerita el tuyo por no reconocerlo.

Si subes a la cima y respiras menos aún no estás listo, y si estás en la cima y pretendes saltar a otra sin apoyo tendrás que bajar para subir por otro lado. Si no ves más no disfrutaste el camino.

Sigue tus pasos, incluso toma los de otros, pero no fijes tu atención sólo en la huella o evitarás marcar la tuya, la referencia para el que sigue, que podrías ser tú si decides continuar ahí.

Canaliza hacia otro estilo, aumenta su volumen y alimenta ese desdén de llegar hasta la cima, de tomar camino junto al mismo "roble".

La región en que el árbol crece no debe gustar a todos, aunque, si el clima cambia en distinta proporción y sobre él luce frondoso, te invito a escuchar el sonido de sus hojas, a sentir el viento que cruza a través de ellas.

Si te quedas haz que valga la pena, y si te vas, también.

Planta otro árbol si lo consideras necesario; mejorará el oxígeno sobre la ruta. Ponlo donde no estorbe, donde haga falta sombra o resguardo de la lluvia. Mañana podría convertirse en un manzano o, no lo sabes, quizá un sonado cactus de pera espinosa.

# SIN PERFIL

—Comenzando a escribir las páginas de su historia con un bolígrafo sobre el papel más hermoso, persistiendo con una bella pluma y sofisticada tinta, como en épocas anteriores a ambos—.

Este capítulo trata de tus relaciones, el tipo de interacción que exhibe un efecto Doppler con su llegada. Es un acertijo que reta a descubrir si debiera ser omiso el agudo o sirviera dirigir la ponderación al grave.

Catalogar el comportamiento de las personas que se vuelven valiosas con el tiempo y significan más que meros encuentros no es sencillo.

Describir lo que significa un amigo parece injusto al utilizar una palabra, no basta con decirlo en una sola frase; pensar siquiera en asignarle un concepto lo limita, faltarán términos en su definición, mas sobrarán razones por querer modificarlos.

Ser amigo, entre tantas cosas, es convertirse en ese compañero innecesariamente incondicional, una persona que por esta u otra circunstancia alcanza el mismo punto y decide seguir cerca. Es alguien que ocasionalmente visita tus pensamientos, con quien decides que sería bueno compartir más momentos, y al ser positivos pretendes no sólo atravesar contextos semejantes, sino también que consiga localizarse dentro de los mismos.

La relación es una clara e incomprendida presencia de la dualidad como parte del equilibrio. Es algo que existe independientemente de tu postura, independientemente del lugar que ocupes al dirigirte a su lado.

Clasificar a tus semejantes se liga directamente con las experiencias o los sentimientos idealizados hacia ellos, cada vínculo es único e irrepetible, como lo eres tú.

## JUNTO A ELLOS

"El planeta" no sería considerado de esa forma si sólo tú habitaras en él. Cada ser nace con un propósito y vive para descubrirlo. Tu mundo no sería el mismo siendo el único que lo ha pisado; serian tú y tus habilidades frente a una gran cantidad de percepciones destinadas a dejarte actuar.

Imagina habitar en la Tierra en soledad desde el primer día; piensa en los descubrimientos y aportaciones que han hecho múltiples personajes con el paso de la historia. Realizar cada una de ellas sin siquiera una referencia, tanto hipótesis como demostraciones, sin duda conduciría a años de relativo retraso, y el enfoque que le darías a las cosas parecería peculiarmente distinto.

Tener contacto con otros seres complementa y otorga sentido a la humanidad, también resalta características que se ignoran por falta de observación. Las personas que cruzan por tu camino, así como los seres que durante cierto tiempo viajan con frecuencias relativas, te enseñan otra manera de recorrer distancias y rebasar fronteras.

Gran número de individuos se sitúa sobre puntos indicados, presentes cuando decides atravesar la salida. Como testigos, cruzando miradas y gesticulando sensaciones, se hallan, precisos en escena, principios de un instante o simplemente espectadores en ocasionales actos.

Al andar con la opción de recaudar nuevas técnicas el convivir te enseña que, a pesar del ingenio natural, es necesario sentir más allá del ritmo que llevan tus pies, visualizar pautas y diseñar claves, que ayudan a complementar melodías.

Tú no defines el perfil de la gente que llega hasta ti, no decides tener a esos sujetos en fechas justas, y se trocan significativos gracias a las transmisiones que desprenden. Hay consecuencias al dejar que ellos procedan; eres vulnerable y adquieres algo más, de aquello que buscabas hace tiempo. Tú atraes a esos sujetos, aunque no sea algo evidente, por sucesos, impresiones, etapas y décadas. Cientos de variaciones se apegan o continúan, se acercan y se marchan.

La mente sufre modificaciones con cada uno; prioriza los documentos resguardados bajo un conjunto de agradables encuentros; obliga a organizar y actualizar el archivo, el cual ha sido inaugurado especialmente para los corresponsales, quienes alteran tu comportamiento exterior.

Ganas orientación cuando te atreves a interactuar; corrección en diminutas fracciones cuyas razones quiebran y perfilan montones de ideas a diario.

Más de un tipo de personas conocen de ti y dejan que explores el mundo que han construido; más de una clase con quienes convives, viajan y seguirán haciéndolo durante tu vida, como apoyos, motivaciones, felicidad.

Actúan realmente como lecciones, medios y verdades. Los cercanos consiguen ser tendencia en el pasado, abren tus puertas como citados al presente y con efectiva suerte obtienen títulos adicionales en el futuro.

## PRÓTESIS

Directo al vacío, en caída libre, sin fuerza, sin siquiera un indicio de reacciones opuestas. Entes capaces de actuar igual a un manto que cubre en el invierno con calidez.

Seres que transforman bajos estados de ánimo en positivismo puro, quienes palpan profundos vacíos donde todo resulta insípido, sin textura; donde, involuntariamente, se realizan actos en largos y veloces días.

Todo cambia si tienes de lado a quien respalda tu reencuentro, combatiendo lágrimas, compartiendo risas, recordando que existe claridad. Más que en ese lodo espeso con extraña densidad, que a mayor presión se convierte en sólido, atrapa; se opone a cada intento de escape y presenta la salida como algo inasequible.

Al exponerte frente a arenas movedizas se requieren recursos externos para concretar rescates, como un ser que decida permanecer hasta que salgas y cuente con la curiosidad suficiente para saber cómo caminas.

Lejos o entre brazos, si un golpe es amortiguado difícilmente llegará el día en que ignores la reducción del dolor. El día que ya no la ocupes, no me refiero en forma física, simplemente es preciso aceptar que una prótesis se vuelve parte de ti, de tus características.

Por el hecho de estar en el suelo, con la capacidad de elevarte hasta la cima, a distancia ilumina con sonrisas, sea cual sea el asunto por el que no te encuentres brillando.

Ese apoyo sin presencia obligatoria representa, de la "r" hasta la "a", un amor sincero y ambicioso. Lo caracteriza esa ambición, la búsqueda insaciable de motivos congruentes para permanecer a tu lado.

Con ganas de querer hacer algo más que otorgar unas cuantas palabras de agradecimiento, encender el carisma y revivir la firmeza que difumina la contingencia, intentas rellenar estrías que rasgan y hacen lo contrario por liberarte, esforzándote por aparentar. Se prueba de todo para saber que esa prótesis se siente completa. De pronto quieres encargarte; sientes que también está en ti brindar un beneficio; la verdad es que terminas por devolver más a esa persona cuando eres consciente de soltar su mano, cuando consigues sostenerte de pie, dando solo unos cuantos pasos más.

Uno sale adelante cuando quiere hacerlo, pero considerando una prótesis se vuelve capaz de otorgarse confianza, implementando en él enormes caudales conductores para el desarrollo de nuevas habilidades.

Y es que aun sin un escudo perfecto, guerreros han llegado a transformar más allá de su carácter y su cuerpo, con una sola mano que lo sostiene.

Es posible combatir a un costado de personas afines, sólo recuerda: a pesar de sentirlo no son uno fuera del combate, incluso en medio de éste son susceptibles a las decisiones que tomen durante su lucha.

No existen cápsulas que envuelvan con blindajes incapaces de ser atravesados, sin embargo, se han inventado algunas que mejoran tu salud, aunque el remedio es únicamente temporal.

Se vive agradecido con las prótesis; se valora demasiado encontrar alguna que pese a las carencias consiga encausarte hacia los medios e integrar tus expectativas.

Para clasificar se requiere experiencia, para amar se necesita entrega, y para sostener es preciso contar con fuerza.

## COMPAÑEROS DE VIDA

Los famosos "detrás de todo gran hombre hay una gran mujer" —o cualquier variación de género o sustantivo propio que gustes adjudicar a la frase—.

Seguramente detrás de toda gran persona habrá seres que motivaron su trayecto y, quizá contados con menos de una mano, seres que estuvieron ahí sin importar las circunstancias. Ellos vibraron con el deseo de que su éxito fuera posible.

Leí una frase que sugería que una persona no debe dedicar su vida a otra cuyas bases no bastan para comprender cierto nivel de consciencia; discrepo en parte, porque la inflexión se rompe cuando la otra persona desea llegar a él. Coincido en la zona opaca, donde nada ni nadie tiene el derecho de perturbar tu mente ni dañar tu integridad.

Ninguna etapa es eterna, y mirar con cercanía las rutas ajenas enriquece. Como copiloto también se aprende, además, puede que conduzca hacia otra vía de ingreso a las carreras.

¿Quién capaz de juzgar el tiempo de permanencia, esfuerzo o dedicación? ¿Quién capaz de ir en contra de tu intuición o tu deseo? ¿Qué si le das más de lo que opinan que deberías? ¿Qué si has dejado de hacer por dedicar tu espacio al albergue de otro?

La mayor parte de nosotros actualmente es capaz de decidir con quién está con el mismo juicio que decide con quién no. Saber si permaneces no es tan duro de averiguar si estar ahí beneficia a ambos polos.

Acompañar a través de los anhelos pule el respeto, la tolerancia y el ego; es como escalar junto a alguien y mantenerte mental y físicamente preparado para desplazar la mirada hacia arriba y hacia abajo. Debemos estar dispuestos tanto a dirigir el camino como a dejarnos guiar.

Hoy el *multitasking*[2] se ha vuelto algo común a medida que la especialidad se demanda, la equidad se estipula y la evolución del humano lo permite. La disciplina ha cobrado fama y la diversidad llama más la atención. En este contexto es lógico que se colabore.

Los compañeros de vida no son competencia; aunque estudien tus movimientos como si lo fueran, lo son para sí mismos. Si por el que le toca estar al frente se siente orgullo querrás personalizar la sensación desde el nervio hasta la satisfacción. En cambio, si caes por la persona de enfrente le habrá faltado leerte.

---

[2] Del inglés. Se traduce como multitarea. Distingue cualidad o capacidad humana.

El trabajo en equipo es el secreto, el ser parte de la solución y no un problema. Gran reto es ser testigo de riesgos y alentar incluso en las derrotas, así como ser franco desde lo esencial, el buen juez y parte.

Considera un cubo inscrito en una esfera; su transformación no sólo involucra el redondeo, sino también rellenar ciertos tramos. Tan cuadrado se ve de pronto el molde que al pandearlo se perciben interminables sus pilotes en las esquinas. Descubrir cuánto se ignora consiste en eso.

Dar es recibir, así que la calidad del envío sí determina la calidad del rebote. Lo incierto es que el circuito sea cerrado y la persona que lo reciba seas tú.

## COMPLEMENTOS

Se fabrican a diario diversos tipos de rompecabezas en el mundo, y debido a ello es altamente probable que existan piezas ajenas que encajen, como si la imagen que conformaran se encontrara en más de uno. La verdad es que no serán parte ni representarán la misma idea; aquellas que fueron únicas desde el inicio harán notar su ausencia.

Tendemos a la manera más sutil de reparar o remediar, como plantar un sustituto. Empero, es complicado que funcione como refacción en estas condiciones: misma calidad y durante la misma vida útil preestablecida.

Al perder una pieza el éxito del reemplazo se vuelve tan pequeño que rebasar una meta inmediata, a la larga, es realmente insuficiente. La reconstrucción lleva un tanto adicional, sin comparación en eficiencia o rendimiento. Aparte, el periodo de garantía es mayor e incoherente con base en el rango principal. Está en ti decidir si en vez de eso podrás conservar aquel rompecabezas incompleto y voltear a ver ese hueco cada vez que llegues o te vayas; si lo pintas o lo rellenas.

La incomodidad indica que estás forzando la nota. Lo escrito nadie lo borra ni tampoco cambia el origen del idioma; cambian palabras en las oraciones, las intenciones y el modo en que se terminan. Eres el espectador, por ello, si vuelves a elegir tal vez sea tiempo de darte cuenta que no es el único rompecabezas que existe ni el camino para resolverlo.

Creer amar a alguien no une por medio de sobrenombres, y tener la oportunidad de conocer más allá de lo que a otro le gusta externar, aun agudizando emociones, no te convierte en su eterno compañero.

Pretender conocer un poco de magia y aprender algunos trucos no vuelve a cualquier sensación parte de tu vida. Así que el hecho de hallar un ser humano con quien puedas tener tanto en común, e incluso vivir con calidad, no lo hace tuyo.

Al reconocer un complemento la obstrucción se disuelve, se torna en forma de fundamentos; no se detiene ni se aleja, se cuenta como experiencias repetidas. Dejemos de lado el motivo: permanecen porque les das la opción de interpretar otro papel.

Los complementos procuran a distancia, conectando situaciones sin esquema, no como parte del tuyo, no como parte del suyo, pero quizá sí de terceros que provoquen su encuentro. Al conocerte son capaces de brindar consejos atinados, cumplidos con gracia y relevantes destacados en un tiempo pertinente.

¡Así que calma! Cambiar de canal no te vuelve traicionero de tu programa favorito, quizá sea tiempo de apagar la TV.

## DESCENDIENTES

Debes saber que hasta las personas que admiras caen; ellas no dejan de ser vulnerables a la actualización de su vida. Los cambios inesperados les suceden también y al ignorar elementos para fortalecerse adquieren debilidad.

Si la vida te parece corta y los días pretenden ser insuficientes, entonces crecer no provoca que opines lo contrario. Si cometer errores e intentar sanarlos requiere un proceso, estar consciente de que el nuestro termina sin consentimiento (con mayor intensidad si el sonar se halla al asecho) trae consigo inseguridad y fatalismo.

Imagina: lo que se detiene cuando se decide no dar el siguiente paso —cómo frustra cuando algo ya no es reparable—, lo que se ciega cuando la vista se ha nublado o se ha cansado, lo que se protege cuando se ha enmendado tanto la armadura o el modo en que se teme por lo impredecible y a ti, lo que te invade cuando ellos ya no aguantan la dinámica.

Si los obstáculos enfrentan debilidades imagina continuamente incrementar la magnitud de los primeros. Esto afecta lo que te rodea y se liga fuertemente con el margen de tu desarrollo.

En espacios blancos se detestan momentos donde percatarse del vínculo inmoviliza; destilan palabras que huyen a través de labios entreabiertos incapaces de otra reacción. La interpretación de ambas partes con sentido difiere e impide la comunicación concreta.

Con deseos de partir y permanecer a kilómetros agradeces cada vez que El Descendiente recorre tu mente; contemplas brazos que, aún cruzados, buscan el dulce ceño que son capaces de generar, tanto los tuyos como los del Descendiente. Basta desenfocar para notar deterioro en la cobertura de su corazón, interior empañado que bombea las ganas de latir a diario.

Incertidumbre la que notas como culpable, y es en paralelo la que mueve sociedades, la que te enseña a saber qué sigue como compañera de la intuición. La búsqueda de respuestas es la parte pesada y los alcances que se logran a diario cuestionan por qué todo existe, pero no conocemos más que fragmentos.

Como si estuvieras atrapado en una habitación preguntándote qué es lo que la otra persona necesita, llenando tu cabeza con suposiciones mientras dejas de concentrarte en otro objetivo: lo que quiere. Te sumerges en un mar de confusión y duda.

Conocer el camino indicado cuando no solamente depende de ti, aun sabiendo que ningún acontecimiento replica, obliga a confiar en alguna ocasión en que haya funcionado o haya estado cerca. Entonces, seguir esperando un cambio que destile a futuro valdrá la pena.

Detrás de todo hecho culmina una razón; es inútil pensar que eso resulta en una mala elección. Permanecer frente a tu ventana esperando un destello puede mostrarte la serie de enredos y situaciones que un ser humano promueve. Significa que hay más por conocer, que resulta indispensable tu presencia en estos días. Se consciente de tu tamaño en el Universo, tu función contiene un significado mayor del que piensas.

# INEVITABILIDADES

## CON BOLETO DE IDA

Es inexplicable perder a alguien y sostener la idea de no volver a verlo en tu futuro, dentro de tu entorno. Aunque lo intenten o lo traten de imaginar, jamás será posible dimensionar lo que tu ser experimenta en ese momento. La idea del nunca más rebasa tu mente.

Lejos de lo que puedes controlar, de manera espontánea, ocurren situaciones que sobrepasan los límites que has llegado a sentir como el fondo de tu ser; situaciones en que una parte externa te abandona, marca su partida sin explicación… Otros pasos de ella al frente.

A veces ocurren hechos irremediables, imposibles de traducir en palabras. Son sensaciones que estremecen y resultan increíbles; hechos ausentes de información, sin manera alguna de obtenerse en el lugar donde ahora te encuentras, en el nivel donde estás. Hay ocasiones en que la esperanza se disfraza de incertidumbre reconfortante, prometiendo a ciegas la oportunidad de algún día poder hacerlo, explicarlo.

No es claro interpretar cómo la vida de otra persona y las experiencias que contigo comparte son capaces de producir con tal fuerza. Éstos llegan a ser impactos y, cuando esa "vida" se aparta, como si fuera consecuencia inmediata, cambia la tuya.

En el sitio donde te quedas buscas respuestas inocentemente, como si se te debiera eso, como si te merecieras la opción de un cierre diferente. Resulta complicado reconocer que con fortuna es negada la ubicación del sendero hacia el final del camino, sin embargo, es normal que con coraje te aferres a no dejar de buscarlo, a aguardar la ubicación que te acerque siquiera un poco.

La fuerza con la que cuentan este tipo de impactos es suficiente para elevarte, orillarte a modificar la singular percepción de aquello que consideras parte de tu mundo; provoca desenfoque y permite observar desde otro rincón. Para quienes aún hacen, y quienes ya han hecho, entender que siempre "es tiempo", se complica. A pesar de todo se halla el certero conocimiento de que el fin llegará sin poder evitarlo.

Las respuestas que habitan en lo más profundo parecen desvanecerse mientras pierdes el piso. Se esconden detrás de un desafío, surten de pertrechos, pegamento, cal, de todo tipo de herramientas para construirlo de nuevo, pero llegan lento.

## MÁS QUE POLVO EN EL TIEMPO

Es duro reconocer que la creatividad se agota al conversar por medio de los recuerdos. La consciencia se seca y distorsiona modelos que quedaron plasmados con el curso de los días. No es fácil escuchar a través de la memoria y sentir sólo el aire cuando recuerdas el tacto.

No posees múltiples vidas para escribir esta novela, que a pesar de ser "breve" cuenta con la capacidad de volver eterna tu existencia. Desde el nacimiento se te otorga una oportunidad para disfrutar únicas e irrepetibles aventuras, sin mencionar repuestos, y recibes acceso a un lugar desconocido que aprendes a descubrir.

Cuando llega la hora de dejar el suelo, yendo de ente a polvo, se desintegra el porcentaje de apariencia física que interesa tanto cuando pisas; queda sólo aquel polvo capaz de potenciar la gracia, una sonrisa fraccionada en miligramos que cubre la historia como esmalte.

Otros cuerpos invadidos por memorias, a veces, logran acariciar tus pensamientos cuando reúnes fama, la bella fama que estira el tiempo y el espacio, como si tuvieras la alternativa de conversar con un mayor número de personas que aquellas con las que puedes interactuar y caminar en varias direcciones a la vez.

Se refiere tu vida sobre reflexiones que van cambiando de enfoque con los años, derivadas de otras sienes que te acompañaron, rimas que lo hacen posible y mantienen firme tu libre expresión.

Coexistes en los días posteriores a tu cuerpo, distinguido entre las personas que llegan a partir del día en que te marchas. Afirmas tu realización.

Se analiza el modo en que has defendido lo que crees, lo que mantiene ocupada la mente del resto por periodos mayores al tuyo. Se agradece cada incomprensión, cada media vuelta, cada paso adelante.

Lo anterior refiere al alcance del alma, el resultado de tus acciones y de quienes decidieron seguirte, de ese modo se justifican las deducciones que atraen negación por el fiel afán de innovar. Eres víctima de la incomprensión, aunque lo real difícilmente se olvida.

Actúas con el latente riesgo de caer en hechos que se convierten en polvo, retenidos en tal forma por el ambiente. Permaneces a la orilla entre el éxito y el fracaso, fabricando líneas perpetuas. Con suerte se logra el objetivo de transmitir lo que consideras relevante, así que merece la pena.

Sin sentido el polvo es común, es desecho. No obstante, con tan sólo un detalle que subraye la diferencia posee la capacidad de volverse imparable.

## AHORA, EN CINCO MINUTOS

Irse, dejar de lado lo que te llena cuando es lo único que quisieras cerca... Debes hacerlo. Sin quererlo ni poder lograrlo, despedirse resulta la última opción, pero es el recurso más próximo, la herramienta que facilita el desprendimiento de raíces imposibles de expulsar, flores que sin abundancia continúan floreciendo.

Decir adiós rodeado de las cosas que te llenaron, observando el mismo significado, pero con una mascarilla desagradable y difusa, despierta el temple; la ocasión atinada para amarrarte el pantalón y descoser tu alma, si es que no lo hiciste antes, con palabras, cartas, viajes, llanto, crecimiento o perdición en una roca.

Las relaciones afectivas evolucionan recolectando novedades, y cuando esas empresas se tocan parece que el tiempo se congela; provocan que la cúpula de tu reloj se empañe o el puntero deje de llamarte. La realidad es que las manecillas siempre siguen desplazándose y el efecto del tiempo transcurre como una ola que no se detiene, nunca rompe. Tan profunda, eterna e intangible, parece encapsular instantes que se vuelven inmortales, a donde sea que voltees ella siempre te acompaña, como tú y yo, pasa y sigue su curso, sólo que ella no envejece, pues modifica su acepción ante cualquier organismo que la percibe; tiene el don de transformarse.

La ciencia del tiempo, si frenas o no y si lo piensas ahora, debería ser la primera materia por aprender, por enseñar. No hay eternidad para ti, tampoco puedes definir ningún tipo de vida; en cierta forma eso la hace más interesante: saber que llega un fin, más que temerle o frustrarte, debería ser uno de los principales motivos que te alienten.

La mejor forma de distinguir la historia es notar que cada movimiento pasa en el momento en que se realiza. Así es como creces en todos los aspectos, y desconoces si seguirás del mismo modo dentro de los próximos cinco minutos.

En definitiva no todo debe ser comprendido en un preciso instante. Si bien las respuestas rondan en torno a una pregunta, regularmente sueles notar que te acompañan cuando ya no las necesitas. Portas una venda sobre los ojos cuando deseas que estén cubiertos.

Con la misma rapidez con que la sangre recorre tus venas, las experiencias concluyen apenas asimilaron lo que han dejado y lo que significan, eso opaca el valor que conllevan. Comprenderás algún día el conocimiento que otorgan este tipo de significados.

No sé qué otra razón puedo darte para agradecer y continuar descubriendo ambas partes que te unen. Los que se han ido lo han hecho con un propósito y es momento de reconocer que también cuentas con uno, tan sencillo como el motivo que hayas tenido para estar aquí, leyendo.

Con la más sincera intención que puede tener un deseo, de vez en cuando, buscamos congelar imágenes y potenciar la memoria para guardar cada detalle por mínimo que sea, exigiendo al corazón que capture la magnitud de esas emociones, como si ello fuera suficiente para revivir, para reavivar la alegría que éstas producen al nombrarlas.

Parece mentira que cuando los ideales se modifican, la forma en que recuerdas las cosas también lo hace. Como si al dar un paso se desprendieran esos instantes previamente resguardados; se filtran como agua entre los dedos, por el candado del baúl que los acoge.

Las personas pasan a tu lado del mismo modo que tú lo haces; llega el momento en que ya no plantas el mismo suelo, incluso ya no llegas a necesitarlo ni él a ti.

## DEJARTE PARA SEGUIR AMÁNDOTE

En una ocasión me dijeron: "Si tienes suerte nunca dejarás de amarlo". Luego de entender la frase amé con mayor intensidad. Amé reconocerlo, pasar por ello, compartir y ser yo; soy feliz cada vez que recuerdo.

Los que se van no siempre dejan de caminar entre nosotros, me pareció importante abordar este punto ya que el escarmiento resulta similar. En ambos casos se debe aceptar que se romperá un lazo y se separarán caminos que lograron entrelazarse, donde las líneas discontinuas se convierten en un "prohibido rebasar".

Intentas manipular los hechos, habitas una idea que tomó la decisión de disolverse, retienes un sentimiento del cual inútilmente olvidas ausencia; descartas que todo empezó a disposición de dos mientras barres un profundo hueco.

Al entregarte por completo a alguien te vuelves sumamente sensible, sumamente dependiente sin ganas ni tiempo para procurarlo. Cuando el ciclo se cierra parte de su esencia ya no escapa, conservas una copia del mejor semblante.

Aun comprendiendo lo anterior, fácilmente te succionan los círculos viciosos en los que tratas de recuperar "lo perdido"; ignoras la obtención del gran premio: el respeto de tu libertad. Cuestionas el apartado sin entender que el amor, que los unió, entrega ahora la virtud de su independencia.

Valoras lo que aprendiste, diste y recibiste, obtienes la oportunidad de seguir adelante con mayor intensidad. De energía pura se alimentan las ganas de tu plenitud invencible.

Abruma la incógnita de estar a su lado nuevamente en el futuro (en realidad vivir sin pensarlo aumenta la probabilidad de que suceda), evita atrapar esa idea en la cabeza, sólo siéntelo, atrévete a soltar lo que no es tuyo.

Cada vez que se proyecte la película del recuerdo agradece que tal impulso te llena y, liberando cualquier interposición, se todo aquello que amas de ti. Eso te brinda el derecho de continuar y seguir siendo el individuo increíble de quien se ha enamorado, la persona a la que has brindado cupo dentro de tu corazón. Si volviera —no existe argumento que lo demuestre— tal vez suceda algo similar, difícil que sea lo mismo.

No cometas la injusticia de bloquear el paso o eludir un cruce que se transita de igual modo. El recorrido no incluye pausas ni los caminos retornos, así que acepta el privilegio de compartir contigo, captar nuevos horizontes y fortalecerte. Nada te llena más que tú.

## CORAJE SIN CANAL

Dudé acerca de titular esta sección: LA SERIE DEL POR QUÉ. ¿Por qué a él o por qué a mí? ¿Por qué hoy? ¿Por qué de esa manera? Porque el "por qué" no tiene que ver contigo y porque sí... así es.

Inevitable cómo fluye en ti algo que no te corresponde cuando le abres camino en tu sofá; no importa cuánto afecte, no importa cómo duela.

Con quien sea que estés enfurecido, con el que se fue, contigo, con el que se queda o se va, ¿qué lograrás en tu cuerpo, que algo falte o que algo sobre? ¿Qué cara poner al reclamar? ¿Qué requisitos se requieren para partir?

Lo que se hizo o se dejó de hacer, tan acostumbrados a vivir del juicio, representa la necesidad de tener siempre algo que responder o algo que escuchar sin excusa ni justificación. Aconsejo quedarse con nada y expresarlo directamente si es posible, sobre el cristal y el pasto, sobre una hoja blanca o un café. Debe haber congruencia entre lo que tus intenciones reflejan y tragarte los conflictos junto con los pretextos.

Aprendí que la mejor forma de honrar a alguien es tomar aquello que te mostró posible y aplicarlo. Sé que se escribe fácil, que hay un abismo entre una partida y otra, pero sigues aquí y eres un ser poderoso, aunque por ahora te sientas frágil, perdido e innecesario.

Cómo me gustaría garantizar que sanarás sin hacer nada, que sin tu voluntad será posible, pero eres el único capaz de aceptarlo, así que hazlo a tu ritmo. Hazlo, aunque parezca inútil; procura tu cuerpo aunque no te sepa nada; atiende tu apariencia aunque no combines; pero no cruces los brazos a diario. Aunque los esfuerzos parezcan banales nunca sobran.

Entrega todo aquello que pueda servir como un apoyo, porque eres tan fuerte para marcar la diferencia. Se humilde. Así como construyes un barco de papel puedes construir la mejor aventura; así como creas, eres capaz de destruirte.

Refuerza tu confianza, principio de funcionamiento en que recargas expectativas, cuando osas generar nuevos planes, concluir los actuales y soltar los extintos.

Se libre, sin voces en la cabeza que causen dolor al gritar y no ceden, sin lenguas que traten de divulgar sus retorcidos puntos de vista. Si el camino y el fin no fueron agradables, entonces seguirás teniendo la opción de quedarte con lo que decidas que te corresponde.

Si tienes la facultad de disfrutar, sentir con magnitudes inexperimentadas y hacerlo parte de ti, ello otorga sentido a tu presente, marca tu pasado y se convierte en un factor que funge como base para tu futuro.

Comunícate contigo y con lo que te rodea porque es el secreto más preciado. El conocimiento yace frente a ti, te enseña lo imparable que llega a ser el permanecer un segundo más, apuntando a ser eterno.

# CREAR
# OPORTUNIDADES

El desarrollo de tu vida depende de las acciones que llevas a cabo y aquellas que desempeñan los presentes a tu alrededor. Los vínculos que generas se derivan de las actitudes que demuestras; después del enlace esto depende del número de oportunidades que logras crear con ellos.

Lo juzgues o no, eres capaz de lidiar con tus acciones; no sueles depositarlas en el bien sabido "bolsillo roto" y las eliminas por completo de tu historia. Lo complicado es aprender de aquello que otros hacen y afrontar las consecuencias de lo que tú dejas de hacer.

Por medio de cualquier expresión que emitas, creas una oportunidad. Cuando te presentas con alguien y cuando respondes, la información que en general compartes le agrega llaves a tu llavero y arma nuevos arcos por donde atravesar.

El conocimiento proviene directamente de los sentidos. Todo ser capaz de sentir es capaz de modificar cómo vive, ya sea planta, animal o humano. Estos seres cuentan con el poder de adaptarse y nacen, viven, se desarrollan y mueren con influencia del medio que los rodea e impactan al medio que dejan atrás.

Comprender la responsabilidad que te corresponde como parte del sistema —no sólo albergas, también puedes generar— es una misión.

Si la energía que te mueve se transforma en cada cuerpo, significa que eres una especie de filtro que elige su propia permeabilidad. Arrojas basura o arrojas pureza.

Te constituyen elementos que absolutamente, a raíz de todo contacto, provocan una reacción como efecto. Quizá sea imperceptible, pero la estimulación es inevitable y si a eso agregas que millones de células toman la parte que les confiere y la envían hacia procesadores singulares, imagina la cantidad de ideas que surgen, por ejemplo, al saludar. Eres un complemento para el equilibrio de este hábitat, eres parte de él y prevaleces con base en tus propias delimitaciones.

Atraes y repeles quién sabe cuántas veces por segundo, ocurriendo algo curioso: la gente pasa a tu lado, y si le falta algo de lo que "te sobra" no se lo lleva, no se le pega como imán. Esa persona produce algo similar a lo que sintió contigo y lo adapta, entonces, otros crean a partir de lo que perciben en ti y lo combinan con lo que ya conocen.

## CONSTRUYENDO LA RUTA

Las máquinas son diseñadas con un determinado número de piezas cuyo ensamblaje o arreglo hace posible su funcionamiento. No obstante, puede encontrarse otra pieza equivalente que reemplace una o más de las originales. No me refiero a réplicas, sino a alguna pieza que por diseño difiera de la inicial, que descarte el orden del arreglo. Porque en sí esto no se trata de las piezas, sino del mecanismo que produce el movimiento.

Ahora traslada esta idea hacia ti mismo. Si no agregas valor con consistencia al medio al que perteneces, entonces te comen por ineficiente o viceversa: comerás para mejorar y responder a tu instinto.

Una clave para recaudar fondos tanto materiales como internos es que tus acciones aspiren a subir de nivel, que consideren ser de la magnitud que estimes a tu alcance. Al final, el nivel al que llegas es desde el cual actúas, sobre el cual creas y en el cual crees.

Hay suficientes métodos de ejecución, demasiados, y los hay porque los crees ciertos; por tanto, hay algunos que son factibles e inalcanzables porque puedes componerlos, descubrirlos y poseerlos.

Si has intentado hallar la receta estricta de planear sin admitir desvíos, esos últimos se presentan siempre, conservas tus planes perfectos tanto como aseches al error, te fijes en el negativo y te empeñes en investigarlo. Cuanto más tiempo te tomes en analizar situaciones ajenas éstas resultarán menos comprensibles. Afirmo lo mismo para el otro bando. Colocar un colchón ante cada caída termina por sustraer noción del riesgo y la suavidad. ¿Sin caer, cómo saber levantarte?

La planeación demanda adquisición de creatividad, consiste en comprometerte al optar por objetivos medibles, tangibles y concisos, pero no perfectos, sino tuyos. Construyes peldaños, te dedicas a fabricar tus propias escaleras, decides qué tan ancho, largo y alto será cada uno de los escalones que la componen, decides qué tan sencillo o complicado será subir y bajar de ellos. Eres artesano por naturaleza, por ende, te gusta determinar qué pinta y qué no.

Empezar de cero para saber a qué altura te sitúas es semejante a nacer abierto a las posibilidades, a aprender a través de la sed de un infante: sin prejuicio. Por aquello que te brinda la libertad de iluminar la ruta, por los ámbitos que se nutren y difunden las ganas de averiguar ambos extremos: llena de plenitud los acontecimientos desde que inicia el recorrido, obtén jugo de las porciones y admíralas todas.

Si eres nuevo en esto prueba diferentes formas de atacarlo y reconocerlo: por tiempos con reloj en mano, cuenta la cantidad de tareas realizadas, establece metas semanales o lo que se te ocurra necesario para cumplir al pie con tu agenda. Haz una lluvia de ideas, anota todo lo que quieras que pase, o consideres que deba suceder, y crea una línea de tiempo retadora, pero que se logre.

Estipula el acuerdo donde plasmes tu compromiso, la disciplina que esté a la altura de tu plan, de ti y de los involucrados. Aun cuando parte de las actividades no las realices tú, entérate de ellas para aportar cuando sea prudente y dimensiona el avance general. El interés se nota cuando estás a cargo.

Reinicia tu actitud si decae, las veces que sea necesario; canaliza tu motivo a partir de lo que enriquece en el proceso o te acerca a tu destino.

Define un periodo de evaluación, toma asiento para reflexionar qué funciona mejor en qué etapa y en qué clase de tareas. Continúa puliendo tu estilo de resolución.

Históricamente, el desempeño físico y mental ha demostrado que por perseverancia se superan *récords* y que los motivos abundan.

Cautiva, si no, no estés. Sé parte de la satisfacción y el logro, no un conflicto. Si sientes que comenzarás a serlo reinicia otra vez y si la cosa sigue igual, mejor que el paso sea a un lado; ese no es el plan.

Que puedas contar el cuento no significa que la narrativa sea lo tuyo; saber si es para ti o no, se huele, saborea y replica. Si alguna de las anteriores te causa disgusto, entrega el mazo. La partida continuará sin ti.

## A PUNTO

He pedido la misma señal en más de una ocasión y ni siquiera sé cómo luce la embustera. Llevo todo el día aquí parado y lo único interesante ha sido la jirafa que baila al escuchar música con sus modernos audífonos, justo del otro lado de la calle. Ella es la única que se divierte aquí.

Es que por cada dos pasos retrocedo uno. Por cada dos minutos avanza el doble la manecilla de mi reloj. He intentado hacerlo, cruzar para hacerle compañía al menos, pero no recuerdo dónde puse la bocina. Me invaden las ganas de cruzar la acera, de averiguar cómo es que la jirafa aprendió a bailar de esa manera… Sí que tiene ritmo.

Con "A punto" puedes pensar que me refiero a que no te atreves a presentarte con la jirafa, pero, traducido desde otro idioma, me refiero realmente a que siempre es tiempo, a que lo extraordinario se vislumbra así y el pretexto lo facilitas tú. Hasta dónde llegas y el "momento indicado" en gran parte lo invocas tú, y calificas para la licencia como acreedor indiscutible del siguiente paso.

Abrir el esquema que has prefabricado para que éste pueda ser sorprendido requiere dejar de trabajar en la teoría por un momento, e inquiere algo más que decir con lo que ahora te parece lógico.

Las oportunidades no llegan de repente ni viven a tu alrededor, tú las creas. Si no logras visualizar de qué manera lo haces entonces habla con una persona que frecuentes y no hayas decidido conocer; comparte con ella y crearás la oportunidad de vivir nuevas experiencias. Agrédela y crearás la oportunidad de ser insultado o recibir una golpiza inolvidable. También puedes organizar mejor tu tiempo e incluirás mayor número de actividades en tu día, o probablemente descanses mejor. Lo anterior son ejemplos de la libertad que evades al limitar tu desempeño, al casarte con ideas como la belleza de la simetría o el pintar únicamente por dentro de la raya.

Analiza lo último sin un marco de comparación. La diferencia entre el desarrollo de cada persona es marcada por realizar acciones frente a las oportunidades que acierta, la forma en que disfruta el recorrido al fijar un rumbo, la atención que enriquece a todos y la sabiduría que transforma con su autenticidad.

Desarmar patrones del modo en que un hábito es manipulado requiere, además de fe, romper ilusas esperanzas. Se dice que en esencia el primer requerimiento es creer en lo que se busca, omitiendo que el primer paso es quererlo hallar.

Ir en contra de lo inercialmente funcional para tu modelo y participar en pruebas que están dispuestas a perderse puede parecerte ilógico, ya que al figurar la opción no excluyes de tu plan al rechazo, y a veces hasta le sirves la mesa.

No comienzas algo creyendo que va a fallar, tus movimientos se invierten a razón de tus acciones cuando son cuestiones que trepidan dentro de tus nudos, las cuales provocan que te muevas como un títere. Si una idea viaja a través de tus profundos pensamientos entonces tiene tu interés; significa que es relevante que ocurra un despliegue de contactos alrededor.

Si es para ti, será. Repite esto y forzarás menos; hazlo y te caerá mejor la paciencia; repítelo y asegurarás tu paso.

Las ganas no permanecen así que el esfuerzo debe seguir. Aceptar que tu parada no es la misma no significa que la tuya no esté más adelante; cuando toques el piso sabrás cómo aterrizar por otro lado.

"El casi", "por poco" y "se me fue", son comunes cuando vives sobre recuadros. Todos nos parecemos a ti y no fuimos clonados, es absurdo pensar que nos corresponde lo mismo o que luciremos igual dentro del mismo atuendo.

Parece que si no aprovechas lo que tienes o no transmites lo que eres entonces nadie más lo hará. Sin entrega no hay recepción y sin recepción no habrá manera de enseñártelo.

## UN SENTIMIENTO DE EQUIPO

Orden, concepto de donde parten los subsistemas que se componen por conseguir fines compartidos;

personalidades que aceptan conforme su aportación se toma en cuenta.

Idea de uno y consenso del resto. Participantes de un grupo que se diferencian hombro con hombro, ni por su curvatura ni por su composición podrían confundirse, aunque sus movimientos deban sincronizarse. Primera ventaja que se desprecia por la incapacidad de figurar en otro la propia concepción del fin.

Los integrantes de un grupo de trabajo se reclutan porque al conjunto le faltan partes; se buscan elementos para inyectar continuamente, o por relevos, la potencia y el estilo que combinen bien para alcanzar una meta.

Eres tan grande como el esfuerzo que imprimes en tu aprendizaje y tu autodescubrimiento. Al observar y vivir la oportunidad de producir en conjunto reconoces que el culpable de disminuir la efectividad de un equipo es la desigualdad, en el grado de pasión que se adjudica a objetivos supuestos como comunes.

Un impedimento clásico al nacimiento de sinergia es la confusión entre conceptos, lo que se entiende de ellos y el significado del tema central de la sección en la cual se colabora. Si esto se ignora, desvía hacia paredes corrugadas que generan fricción, incluso de las ideas que se proponen. Asimismo, los argumentos catalogados por otras bocas, o por oídos propios, complican el trato con los demás individuos, ya que los consideran factores de éxito.

Cuando cumples con tu aportación correspondiente o papel designado, lo haces para mantener un perfil de responsabilidad contigo y con los demás, pero tu labor es algo más para la causa. Hacer más de lo que debes es tomarlo como referencia, actuar más por lo que aprendes es tener visión y saber de lo que un ser humano es capaz, es sentir que tú eres capaz.

Hay una particularidad que mueve a las personas que destacan en un equipo, ellos simplemente aman lo que hacen, es decir, lo viven y lo disfrutan.

Cuando un líder destaca no lo hace por ser superior, pero sí da mejores resultados en periodos de tiempo cortos, produce cambios que se reflejan como vitrales, procura la integración y tiene altas aspiraciones. Ese individuo descarta el cumplir, suele entregarse e ir al frente para retar a que los demás se atrevan a incrementar el ritmo. ¡Abusado! El líder puede no formar parte del mismo equipo, pero va jalando e impulsando no sólo a seguir, sino también a superarse.

El sentimiento de un equipo no es una responsabilidad, es tener presente que sin duda se puede lograr una meta. Sin obstáculos se pierde el camino; si hoy se falla, hoy se mejora, porque si uno cae, todos caen.

Por ejemplo, si en una competencia de relevos en natación uno de los nadadores olvida los *goggles*[3] y no llega al afloje, aunque haya entrenado bien, no nadará igual. Si su equipo logra el segundo lugar, aun con potencial para el primero, ni el cronómetro de entrenamiento serviría para certificar su mejora en competencia. Regresar a casa con la idea de "la próxima vez" posiblemente marque límites mentales y agote. Aunque sean los mejores nadadores, uno no puede obligar a otro a concentrarse. Si bien reconocen su potencial, es necesario concientizar lo que comprometen.

---

[3] Protección ocular que evita el contacto de los ojos, con objetos o fluidos.

Parece mínimo, sin embargo, es importante aprender a respetar tu esfuerzo y el de aquellos que te rodean. Si vibras en el entrenamiento también lo harás en el escenario. Haz vibrar a otros y conecta con lo que en conjunto los mueve, con el tipo de cosas que denotan satisfacción.

Más que pensar en el lugar al que puedes llegar, atrapa y retén la idea de que siempre es viable mejorar. Sin enfocarte en el error ten presente los pormenores y confía en la entrega; visualiza con motivo de aprovechar fortalezas y debilidades a través del equipo, un segundo beneficio. La madurez que se construye dentro no se halla en otro sitio, no del modo en que esas personas a tu lado dan y reciben, ya que están inmersos en el mismo contexto. Luego de pertenecer a un equipo tus cualidades se definen e incrementan, prácticamente tienes prohibido decrecer.

Si levantas la mano, ésta esperará un balón para tocar tus dedos; si tiras del arco, la cuerda aguardará ser rozada por la siguiente flecha; si generas potencia, esa reacción esperará que se traduzca en movimiento. Son hechos regidos por una ley, por la naturaleza de tu propio origen.

Los conflictos confirman diversidad. Estar de acuerdo con todo demerita el trabajo en equipo porque sólo respetarlo exhibe alternativas. Mientras la visión sea clara, esto es, mientras se asegure que todos la captan, como sea que se muevan, lograrán bailar, y como sea que toquen, habrá sinfonía.

Uno, cuando una persona inicia algo existe en él una intención; dos, los proyectos, porque eso es lo que se genera al trabajar en equipo, no sólo se cumplen ni sirven para mantener algún estatus. Disfrutar una marca o cumplir con ella figura dilemas, porque puedes perderte al perseguirla. Resuena mejor centrarte en tu aporte.

## LA CULTURA DE LLEGAR MÁS LEJOS

Piensa en un camino que recorras con frecuencia, alguno que suelan calificar como largo y cansado. Tras recorrerlo por primera vez seguro sentiste lo mismo y agotaste más energía de la que regularmente dispones. Además, no pensaste que se convertiría en un camino fijo para ti.

Con el paso del tiempo tu cuerpo se acostumbra al recorrido, a dar lo necesario para trasladarte de principio a fin. Prueba varias formas de completar la caminata, como escuchar música o contar pasos, de modo que el sendero se perciba más corto en cada repetición. Con base en el tiempo que inviertes para recorrerlo, o en lo que sea que obtenga al pasar por él, a veces se puede convertir en un hábito.

El medio tiende a adaptarse, evoluciona, y lo distingues a través de la historia; toma parte de procesos que domina, sobrevive si es moldeable a las circunstancias y modifica su constitución para hacer frente al cambio. Los modos de adaptación son armónicos para cada organismo, sea humano o no, y denotan algo único e irrepetible, fascinantemente dulce y amargo. Lo envuelven extremos que se aferran al balance.

Los grandes logros se forman en plazos largos, requieren tiempo para concretarse, corazón, cerebro, que te den los músculos y otros purificadores, como el hígado. Tu propio cuerpo posee lenguaje, susurra señales esenciales, emite alertas cuando dejas de ponerle atención, y se decepciona de ti por consultar fuentes externas antes de consultarlo a él.

La cultura de llegar más lejos se trata de cosechar aptitudes, ser apto con respecto a perfiles para que elijas la parte del rompecabezas que gustas completar, evitar el encajar por fuerza, y ser tú el que demuestre la forma adecuada de cerrar el marco.

El curriculum vitae verifica lo idóneo que eres para tomar un puesto; dentro de él compartes la experiencia profesional comprobable y agregas detalles acerca de las cualidades que posees, así como lo que ofreces para complementar un equipo o representarlo. Cuando colocas información en dicho documento citas el dominio que adquieres con cada rol o reto abreviado, presumes facilidad sobre el manejo de tus propias virtudes, vendes tu habilidad de palabra no porque sea algo que debes aprender sino porque ya conseguiste algo con ello, y vendes trabajo en equipo porque antes perteneciste a uno.

Esperar ser apto ofrece tu mínimo esfuerzo y deja ofertas con descuento en el camino. Esto no te asegura algún sabor de boca, quizá una remuneración económica y un ligero recorrido sobre los vértices de tu Diana, no más.

Así que se apto. Sin soberbia presume que sabes correr después de entrenar. Trabajas bajo presión porque controlas tus emociones, no porque necesitas vigías para ejecutar tu trabajo. Se honesto.

A medida que avanza un proyecto, éste demanda que el crecimiento interior demuestre que se puede mantener la gestión, de otro modo se vuelve un caos. Si el proyecto persigue un modelo que te demanda, por ejemplo, esfuerzo, tiende a exigirle también por su actualización, así preservarás la contribución en ambos sentidos. La cosa está en familiarizarse y mantener el curso, no en cebarlo. Entonces marca tu diferencia antes de que lo soliciten y cuando se requiera; defiende tus hallazgos.

Los pasos que das exigen requisitos. Si vas rápido o lento puede ser por dos motivos: el proceso externo lo requiere o tu capacidad es la que determina el *timing*[4]. No inicias pensando en el fracaso, pero tampoco accedes a sitios preparados para su conclusión; esta es una de las razones por las que se dimensiona el destino. Mientras menos variables se encuentren fuera de control, menor será la brecha entre lo que ignoras y lo que no.

Cuando el proceso externo requiere aumentar la velocidad únicamente queda incrementar el esfuerzo, pero cuando el obstáculo se liga con tu capacidad o eres guiado a partir de un modelo deficiente; aunque te aferres a una talla inadecuada no será tu prenda favorita. Pensarlo de ese modo ayuda en el dilema del ahorro y la inversión. No compres precipitadamente cosas que podrías desechar a corto plazo, o cuyo estilo sea sencillo de modificar, evita prácticas que no se reinventen o puedan ser reinventadas y permite que diversas disciplinas contribuyan a tu crecimiento.

No porque compitas por tener el mejor tiempo todo el proceso debe ir rápido, ni porque compitas por un estilo significa que probar otros te afecte. Por el contrario, te ayuda a definirlo mejor, a distinguir qué es y qué no, qué abarca y qué no cabe.

---

[4] Del inglés. Se traduce como ritmo/sincronización/compás.

# LA BOCA TIENE RAZONES

"Del plato a la boca se cae la sopa", "el sordo no oye, pero bien que compone", así entre dichos puedo seguir. La belleza de los refranes es que encajan bien, lo complejo es cuando se cuestiona su significado. "Al que le quede el saco, que se lo ponga", "al buen entendedor, pocas palabras".

"A fuerza, ni los zapatos". Yo no siempre tengo ganas de hablar, me siento incómoda cuando los demás se empeñan en que participe en una conversación. ¿Sin puntaje de por medio por qué debería aclarar algo con preguntas al azar u opinar acerca de un tema que desconozco?

El silencio demuestra que se pueden tener espacios vacíos cuando estás lleno de palabras. La boca tiene razones para utilizarse, pero también tiene la opción de no moverse nunca. No quiero "echarles mucha crema a los tacos", pero "el que calla otorga", así que en cuanto sea oportuno "no te hagas de la boca chiquita".

## HABLAR DE APRENDIZAJE

Aquello que abandona los labios es particular e irrepetible, como lo es el intérprete o el autor que lo compone. La personalidad impresa sobre la transferencia de información es uno de los flujos más caóticos que sostiene la verdad. Mientras más digeribles son las ideas, mayor es su credibilidad o su impacto.

Con el mismo ímpetu con el cual se aprende a escribir, sugiero aprender a hablar correctamente, armando planas y planas de coherencia y claridad.

Lo que distingue la escritura del habla es que cuando aprendes a escribir recibes formación gramatical estructurada de acuerdo con el lenguaje utilizado en el sitio que habitas. En cambio, el habla la practicas en tu medio, luego la limitas en el aula. Esto no sólo es producto de orden y sentido, requiere más que conversar contigo al marcar grafía sobre papel, requiere tono, no se borra y es directa.

Como ser vivo tiendes a un estado en el cual no existan alteraciones, te complace la simplificación y consideras adecuado ahorrar cualquier tipo de esfuerzo. Quitarle peso al habla ha provocado deformación en el lenguaje, ignorancia y desigualdad, porque seguimos sin saber explicarnos, pero creemos saber entendernos.

Por generaciones se ha logrado evolucionar, provocando que la información se acumule, enriquezca o simplifique. Lo que se vive se comparte como anécdota: se cuenta, se toma y se suelta lo supuestamente comprendido o, en su defecto, lo supuestamente aceptado. Tu vida se escribe como un guion con el que puedes jugar, donde armas diálogos capaces de comprometerte o excluirte de situaciones a las que decides o no seguirles la línea.

Externar tus emociones y traducir tus pensamientos en palabras te evidencia ante aquello que das y recibes. Posees la libertad de obtener cuanto te plazca, así que eres dueño de tu propia interacción.

Te satisface enterarte de todo porque la comunicación elimina el obstáculo entre lo que ocurre dentro y fuera de ti, y también te ayuda a construir o conseguir mayor cantidad de recursos antes de enfrentarte con el siguiente episodio.

Permanecer en contacto te resulta necesario, así como conocer la forma en que trabaja el medio y las vías con las que arribas a lo desconocido, ya que forman parte de tu trayectoria. La prueba es que existen quienes migran a través de sus palabras e incluso quienes viajan dentro de ellas.

## ¿QUÉ TANTO HABLAS?

En tu conocimiento posees el habla para comunicarte con tus semejantes, e imprimes fidelidad y frecuencia cada vez que apoyas la apertura o continuación de un diálogo. Naces con el poder de comunicarte, pero no piensas si tu rítmica agrada a aquellos que la rodean o si las sílabas que utilizas son las adecuadas.

Hay personas que ni siquiera digieren lo que dicen, otras parece que lo vomitan. El problema no es decirlo, sino la posibilidad de retractarse después y la imposibilidad de aclararlo. Contar con respuestas veloces provoca el riesgo de transferir información inútil aprobada por un perfil que tratas de protagonizar; no se queda sólo en la interpretación de percepciones, sino que moldea la forma en que sueles relacionarte.

No hablar nada o hablar demasiado; te falta el cómo o no lo crees oportuno, versus, te faltan fundamentos o te sobra persuasión. Parte del balance de tu mente se concibe al errar en expresión; lo distingues cuando eres inseguro e incoherente sobre tus argumentos, así que te cuestionas o te atacas. Deberíamos obtener licencia para sumar al construir un juicio o ayudar a encontrar respuestas.

La comunicación primero va a la córnea, después se dirige hacia los rayos del Sol. Pulir el modo en que te comunicas es eficiente mientras tus acciones den el mismo tono; cuidar el modo en que lo haces no prosigue si huyes de tu propia aceptación cada vez que ellos difieren.

Tu dicción, es decir, que tan claro es el sonido cuando gesticulas, demuestra dominio del habla e interesa porque no siempre los caracteres son ilimitados.

No cabe duda: entre mayor calidad de armas la defensa toma la batuta. Mientras adoptes vocabulario y brindes justificaciones sólidas tus argumentos se defenderán prácticamente solos.

Escuchar a un sabio agrada porque no habla cualquier cosa, además, la probabilidad de trascendencia en sus palabras se eleva cuando pretenden descifrarlas. Las preguntas que le hacen a un sabio regularmente insisten en averiguar cómo navega, no en encontrar cómo hundirlo. Cuando la atención permite ampliar el vocabulario, la flexibilidad de los argumentos se dispone a ser criticada, ejercitándolo de tal manera que pasa de ser una estimulación muscular, a convertirse en la reproducción de un cambio.

Tener siempre una respuesta puede confundirse con pensar en voz alta y representar un obstáculo al definir tu postura. El famoso "mentir por convivir" no es mentira, es el pobre aprovechamiento de este don.

Hablas por adaptación, pero el mono no caminó por imitar al suricato. No sé si me entiendes y quiero que dimensiones: desechas lo que eres bastante seguido. Además, tuvieron que pasar varios "monos" para que estos finalmente lograran caminar.

Hable ahora o calle para siempre… ¿Por qué no gritas igual?

El silencio es válido; podría ser visto como el espacio que causa paz en tu turno, un minuto de honor o un voto de fe. Sin embargo, es más sencillo que te genere conflicto cuando lo reconoces. Supones que las respuestas deben contener palabras, y no una, sino varias. ¿Quieres compartir el resto de tu vida conmigo? Y tú sacas el pergamino para dar explicaciones; sí o no, punto. ¿Refresco o agua? Y tú das un curso de nutrición al mesero. ¡No, caray! Le restas valor al dedo pulgar.

## LA BOCA TIENE RAZONES Y LOS OÍDOS TAMBIÉN

Para que el ejercicio de la comunicación esté completo es necesario emplear los oídos, incluso cuando no piensas ser el receptor, cuando te ha tocado serlo, si no quieres estar ahí, o cuando te enamora lo que haces.

Años, se necesitan años para reconocer que de la boca al oído no es fácil viajar. Saber escuchar es una cualidad que te permite reconocer tu posición, que te obliga a enfocar con los tímpanos y a ocupar la boca correctamente.

Tan fácil hacerse presente, pero tan difícil que puede ser notarlo. Pensar a la par que se escucha o formular una respuesta al inicio de una frase emisora significa lo que gustes, menos saber escuchar.

Recuerdo cuando aprendí a jugar tenis; cuando la silueta opuesta repetía "ve la bola", y yo juraba verla, en verdad intentaba seguir su trayectoria. Con el paso del tiempo noté que mantener los ojos en la pelota durante todo el recorrido es básico (te invito a que lo busques, es como un imán para los profesionales). En fin, reconocí que sólo seguía una parte de su trayectoria, y despegaba la mirada por no perder de vista otros aspectos que supuse relevantes para el golpe.

Como mencioné en la primera sección de este capítulo, hablar requiere orden y sentido; hasta el hipérbaton, como la anástrofe, lo conserva. Es más, se consideran un $top^5$ de la sintáctica. La cosa va más o menos así: escuchas, te aseguras cómo viene, formulas lo que vas a decir, luego hablas. Palabras más, palabras menos, el tema es que respondas, no que reacciones. Algunas veces hasta te adelantas y ni un pedacito de una frase te interesa. Imagina, algunos se enfadan cuando los demás no dicen lo que quieren escuchar, en estos casos es mejor encerrarse y comprarse un espejo.

El prejuicio, la culpa, aunque también la alegría, desatan emociones ocasionando que las palabras rompan filas, entonces al momento del llamado todas corren, cerrándose paso entre ellas. Aprender a manejar tus emociones procura que el aburrimiento o la desesperación no llegue a las palabras en turno. Si ya sabes qué te van a decir, pues usa el tiempo de forma diferente, y si hay riesgo de que transmitas el "virus", recomendable es que te quedes en casa o callado.

Todo individuo lleva una vida promedio totalmente distinta; complicado de entender, mas no imposible. Cada hombro es un marco de referencia, con diferente tono de

---

[5] Del inglés. Se refiere a algo situado en la parte superior. "Arriba" en lo más alto.

piel y fortaleza disipada. Por ello, es absurdo suponer que pensamos lo mismo o abogamos del mismo modo cada situación que se presenta.

Cómo cuentas la historia, cuenta. Respaldas a Caperuza o al Lobo[6]. La comunicación efectiva requiere humildad, es decir, que exista un punto de equilibrio entre la soberbia y la sumisión. Si tuviste la opción de elegir la postura de los personajes es justo que le permitas a otros identificar su propia lección.

Si escuchas, retienes; diversificas tu capacidad de aprendizaje. Filtras más rápido, es evidente, sin resumen porque grabas textualmente. Y no te apures por perder el resto, sigues recordando el color de los calcetines, aun los otros sentidos desarrollan su parte. Tal vez no creas que la memoria se entrena, pero aún se desconoce su límite de almacenamiento.

## POSICIÓN ACÚSTICA

Cuando utilizas el cuerpo naturalmente, a partir de actividades que realizas por conocimiento empírico, sueles ignorar su impacto, sus ventajas y el privilegio de contar con ellas.

Vi en TEDx[7] una conferencia acerca de la responsabilidad de un artista al transmitir mensajes a su alrededor, de la presencia de arte en los movimientos sociales y del

---

[6] Personajes de un cuento tradicional europeo conocido como *Caperucita Roja*.

[7] Organización estadounidense, sin fines de lucro, dedicada a la difusión de ideas.

modelo que las personas pueden captar de un actor. Concuerdo con lo dicho, aunque considero que vale la pena extrapolarlo a otros ámbitos.

Mencioné previamente que no recibimos un manual que dicte el paso a paso, es decir, que explique cómo hacer nuestra vida, aunque sí contamos con principios, sí tenemos la capacidad de distinguir lo que enriquece, denigra, aumenta valor y demerita esfuerzos.

Es cierto, quizá por habilidades o hasta personalidad, no todos estamos en una posición acústica cuyo eco retumba a lo lejos, fuerte y claro. Tal vez no tengamos el medio para resonar en más de una ocasión, pero basta con la repetición para que el sonido viaje, únicamente la copia porque no estamos solos, y si nos disponemos personalmente a otorgar una palabra, entonces habrá millones marcando la diferencia.

Los grandes impactos se logran en equipo, los largos alcances se inician por una persona, pero esa persona toma su motivación de algún ente. El alcance no es intocable ni invisible, sin embargo, algunas bisagras no se desplazan suavemente. A veces se necesita más de una persona para abrir la puerta; eso no te hace débil, te vuelve parte de aquellos que lograron cruzarla.

Yo predico que el trabajo en uno mismo es vital, porque el reflejo del trabajo que como seres humanos ejecutamos es nuestra calidad de vida. El mapa que buscamos está bajo nuestros pies. A pesar de estar dotados de privilegios sentimos magia y la rechazamos.

Aun en la actualidad parte de la población cree que la evolución y la trascendencia sólo se logran al procrear, además, se exige a esos nuevos seres superar la estabilidad, la fuerza y la capacidad de razonamiento como si fuera su único propósito. Qué bueno sería que la exigencia proviniera siempre de aquellos que tienden a ofrecer valores a esa altura, instrucción al mismo precio acompañada de protagonismo.

Hoy somos demasiados: planeados, deseados, no deseados; nos tenemos todos y preferimos generar basura que producir buenos valores, contaminar en vez de preservar nuestra casa, escupir en la mesa donde cualquiera podría tomar un pícnic o discriminar lo diferente en vez de comprender su variación.

Lo que decidas hacer con tu vida tendrá siempre consecuencias sobre la de otros; vives en un sistema al que le afecta cómo te comportas, eres otra variable implícita. Donde vivas hay pasto, aire, agua, personas, insectos quizá; tú decides si cuidarlos o no, desperdiciarlos o acabar con ellos.

Escribir, el dibujar y la danza son un arte; para mí también lo es: desarrollar videojuegos, subirte a un podio, presentar una clase, construir un puente; atender un paciente en terapia o gobernar un país, todo aquello con el potencial de enriquecer a través de la disciplina, la vocación, todo lo que exhibe distintas formas de apreciar, aportar y ser mejor día con día.

Es delicada la forma en que pasas un mensaje, el teléfono descompuesto tiene el potencial de la Gran Depresión [8], así que es mejor verificarlo y asegurar con un par de preguntas si se ha captado el sentido en que la transmisión

---

[8] Crisis económica mundial prolongada durante la década de los treinta.

fue dirigida, y cuestionarse incluso si después de ello el mensaje merece llevar exactamente el mismo significado.

No siempre toca compartir buenas noticias, pero con esencia de arte dolerán menos; si de lo contrario buenas son las que corresponden, se percibirán mejores. Eres arte, capaz de crear arte para de nuevo abrir camino a su próxima conformación; es una obra maestra.

Conoce tus expresiones, conversa más contigo, seguro que como te percibes se asemeja a la manera en que te expresas, o al menos en que deseas hacerlo. Practica ser auténtico, practica pasar bien el mensaje.

## ACEITE PARA DESHACER ENREDOS

Concordar una estrategia no es posible sin tu participación, la pureza de los resultados se apoya del nacimiento en cadena de nuevas combinaciones.

La conversación placentera consta de dos circunstancias comunes: reconstruye momentos que despiertan emociones o genera conocimiento a través de la reflexión. Sucede cuando las partes están dispuestas, preparadas y en búsqueda.

Los buenos discursos frenan guerras, pero no es lo mismo gritar: ¡detente! Que sostener una conversación diplomática trascendente.

Algunos gustan de resolver conflictos en el preciso instante, en caliente, con tono golpeado; que gane el que tenga que ganar, el más fuerte o el mejor dotado. Si duele, que arda; primitivo, como en caza.

Ataque, cuando se dirigen a ti; enojo, cuando juzgan sin pensarte; desgaste, cuando el tiempo se pierde a través de las palabras. Tales circunstancias provocan "la maniobra de Heimlich[9]".

Es difícil que para todos los que interactuamos diariamente se presente una conveniente sincronía, que nos encontremos del mismo lado, dentro de las obras que solemos visitar; imposible tener la misma perspectiva desde espacios inexplorados. Por incisivo que parezca, es necesario incluir este membrete dentro de tus notas, es importante recordar que no estás solo, aun si a tu naturaleza le agrada tomar estas situaciones como pasajes u omitirlas con frecuencia.

¡No eres el Sol! Ni todos los habitantes deben informarse acerca de tus movimientos ni tú tienes que enterarte de todo. Vale la pena procesar si obtener información te beneficia a ti o al que se la estás pidiendo; si la persigues con la finalidad de encontrar tu paz, aprende a meditar; si te la otorgan sin obligación, pues evita que recibirla se vuelva una tradición.

Con esta sobrepoblación, los GPS por todos lados y la degradación del civismo, el no avisar si ya llegaste a casa puede convertirse en cataclismo, así que estar abrumado por el silencio llega a ser un tanto comprensible.

Lo cierto es que como ser pensante necesitas espacio para organizar el armario, cantar en el baño y, de vez en cuando, echarte un chapuzón.

---

[9] Maniobra de primeros auxilios que impide la asfixia por obstrucción física.

# UN JUEGO DE LLAVES PARA ROMPER LA PUERTA

Un lugar rodeado de espejos, labrados por las propias manos del huésped; un sitio diseñado para esbozar imágenes que resaltan y esconden cualidades al espectador, distorsiones que van desde lo cómico hasta lo desagradable. Caminar por una casa de espejos, con terminaciones agradables a los invitados; visitantes que elongan y comprimen su reflejo, perdiendo vista de la complexión que los traza, junto con la tuya.

En la estadía, la óptica comete plagio al doblegar figuras; asombra con la dependencia que ha logrado para sí misma. Parece insuficiente lo que dan tus ojos, se dificulta ligar cómo te afecta cuando resaltas lo que señalan los demás por encima de lo que consigues tú.

Se retratan reflejos cuando agradan al recuerdo, cuando gustas revelar figuras que ha definido el espejo, el rostro, que a raíz de una mirada has decidido guardar. Evidencia en ocasiones, promoción en otras, capturas que mientras el archivo sea legible perdurarán.

Naces con un juego de llaves, un llavero y ciertas herramientas para moldearte otras si lo necesitas. Comienzas la vida, preprogramado, con un equipo de súper desarrollo para editar líneas enteras, sin instructivo de uso, pero instinto para elegir la idónea, inteligencia para utilizarla y memoria para distinguirla.

Cruzadas por obligación, educación o estrategia, enfrentas un sinnúmero de puertas a lo largo de tu vida; descubres, desbloqueas, cruzas, cierras, con el afán de continuar de frente.

Desechas las llaves que ya no precisas, se esfuman las puertas que optaste cruzar. Te quedas con la autoestima, el fin de la etapa tras el marco y éste con tu imagen congelada por el interior.

## CONFUSIÓN

Con la mano cerrada tantas veces a punto de tocar la puerta, bastos murmullos incompletos infiltrados por el odio que aguarda a tu movimiento... Tantas veces a punto de partir, desconectando un tercer paso. Palabras ocultas tras labios tímidos y débiles, latidos resonantes que te muestran intranquilo.

Te casas con ideas en ocasiones; buscas complementos cuando te parece confuso canalizar un "vacío"; acostumbras a actuar debido a las circunstancias; olvidas hacerlo con la seguridad, la plenitud que te apasiona. Algo te atrae, volviendo cada vez que estás por cruzar la salida.

Por instantes que cautivan, fijas miradas al no observar qué hay delante; visualizas una telaraña perfecta, y reconoces que una tenue ráfaga sería capaz de borrarla del mapa.

Detrás de un muro que derribar sensibiliza, la duda gana peso a cada paso. No tener conocimiento de lo que ocurre ocasiona el nacimiento de una historia abstracta basada en lo que has vivido, plasma deseos y, en principio, deriva conjeturas.

Te enfrentas con confianza nula que ha tomado vacaciones largas, aprovechando ser libre de hacer lo que gusta y un miedo que toma su lugar, descansando a sus espaldas sobre el rincón más cómodo, evadiendo su hogar.

Creatividad en la cúspide canalizada con personalidad reactiva. Al contrario de la brújula que marca tu camino, sigues la dirección que señala la flecha, en sentido opuesto; juegas a ser el que vendrá después, volviendo al origen, donde todas las siluetas culminan.

Vivencias bajo llave forman parte de cada palabra en el ensayo; explican cada acción que hasta ahora has llevado a cabo e ignoran la solicitud de cualquier duplicado.

Tiempo, transcurriendo con rapidez constante a partir de la pobre e inesperada adquisición del papel como "director" surrealista de tu obra, la cual no imaginabas llegar a interpretar.

La posibilidad de crear oportunidades te mantiene distante, causando fisuras profundas magnificadas al desplazar con la neblina a la niebla, como si a cada paso la ruta se desvaneciera dejando evidencia de quién fue el culpable, siendo el mismo comandante el autor de tan turbulento desvío.

Aprovechas el talento para combinar ilusiones ópticas, con la mínima probabilidad de ser reveladas a mediano plazo; dotes de escasez sobre el camino de la solución.

Energía que no recorre tu cuerpo se estanca, pierde el semblante al voltear la mirada, invadido por veneno que potencializa por horas; caminando a tus espaldas, pero siempre al frente.

Fingiendo ser tú, cegado de emociones, de cama en cama, viajas con alas raras en la cabeza, combinando todo lo que has querido conservar y con lo que ahora prácticamente juegas.

Creas mezclas imposibles continuamente, sin querer regresar a lo que desde ahí te parece cotidiano y aburrido. Concibes como rígidas carátulas el rostro sensible que espera debajo.

Regeneras células al agotar la energía artificial de la que te has vuelto esclavo, aquello que te mueve cuando nada más lo hace, con la que escapas cada vez que el peligro asecha.

El ¡pop! ¡Pum! ¡Crac! Llegan cuando la presión está a tope para limitarte con un círculo vicioso; te orilla a romper cristales y olvidar limpiarlos.

La presión sugiere un cambio de llavero, porque en lugar de percibirlo como un facilitador de accesos lo terminas percibiendo como el triturador de sueños. Sugiero lo depures, no lo deseches, aunque parezca increíble que después de ello te funcione desplazar el siguiente cerrojo.

## LA ESTUPIDEZ

La idea repentina, el camino blando, manos jugadas sin mirar las cartas, como escupir hacia arriba o lanzar basura sentado en una gran rueda de la fortuna.

De pronto la vida te dice: "vas" y tú respondes cualquier cosa, te pone un espectacular delante y tú sólo decides ignorarlo. Es digno aceptarlo: de cuando en cuando tomamos decisiones estúpidas, reaccionamos sin corazón y hablamos sin pensarlo; omitimos por ego y destruimos por impulso.

Por recorrer 10 millas te crees maratonista, por tener la experiencia te crees con vocación. Sólo porque te enteraste primero de algo no quiere decir que seas el intérprete correcto ni tampoco serlo te hará bueno para transmitirlo.

¿Cuál será el fin de tener tantas llaves en el llavero cuando la puerta que has elegido no abre con ninguna de ellas o simplemente has decidido derribarla?

Te apremia que alguien camine lento cuando sabes correr, te desespera que alguien necesite practicar más o aprender las cosas de diferente manera. Eres tan competitivo, vanidoso, que superar tus propias metas te enferma, porque parece que buscas que te restrieguen en la cara que la tolerancia, la paciencia, la disciplina y la constancia son necesarias; que el respeto con la cordura celebra sus festividades en el mismo sitio de siempre.

Cuando se construye un rascacielos, por ejemplo, cada etapa es crucial, de los cimientos al pico; no llega un punto en donde los constructores dejan de poner atención a los acabados o agreguen material a lo ciego; no dicen: "Piso 50, nos enfocamos nuevamente en el 200". Como bien refiere la frase: "Una cadena es tan fuerte como su eslabón más débil" (Reid, 1786); si el piso 100 está hecho descuidando los valores del párrafo anterior, la falla está firmada desde el piso 51.

Se te hace fácil más de una vez, esa es la brecha entre el maratonista y tú, el maestro y tú. Ellos no danzan con barbas ni omiten pormenores; parece sumamente agotador, no sólo lo parece, seguro que lo es, pero para ti, ya que para ellos dejó de serlo a partir de la segunda tesis y del kilómetro 42.

Incomoda —duele— retroceder, aunque sea un poco, la sensación desemboca en una especie de reclamo por malagradecido, un golpe frente a la puerta corrediza y traslúcida que recalca: "pudiste haberla deslizado; justo por lo que acabas de hacer no estás listo todavía".

¡Y sí! En esta vida todo tiene solución, pero el bloquear puertas produce un retraso, y, claro, tiene consecuencias.

¿Cómo evitar la decisión estúpida? Recordando que cada escalón requiere destreza. Si un día decides actuar como ignorante caerás a ese piso, por un instante quizá, aunque existe la posibilidad de que se rompa la escalera, la memoria caiga a un charco e igual se quiebre la taza que compraste ayer.

Necesitamos lecciones, cierto, que nos lleven a superarnos, no que nos bajen de nivel. Sí, puede pasar porque eso es lo que debía de, pero en estos casos, no. Equivócate al ser ejemplar; tropieza en el entrenamiento, no en el escalón de tu casa; falla en la tarea, no en el examen profesional.

Pasa hasta en el ejemplo más escueto, pero te recalco: hay niveles. Si estás en el hoyo no lo subestimes, tantito tiembla y quedarás enterrado.

## GUÍAS

Este pudo haber sido otro perfil, pero decidí traerlo a este capítulo porque las llaves no se construyen solas. Para abrir algunas puertas, o bloquearlas, se necesitan cerrajeros.

Llámese padre, maestro o entrenador, personas que descifran claves, dominan mañas y optan por transmitirlas como parte de su misión.

Contratados, investigados y no siempre elegidos, te colocan alas o destruyen con flechas los tobillos. Así de grande es la responsabilidad del que se lo adjudica, del que te acepta.

Acto redituable, pero no precisamente justo, no hasta que los intereses recaen sobre terceros o conocen a alguien que no sólo absorbe información, sino que retroalimenta la secuencia de apertura y la hace evidente. Decir que la Tierra es plana en estos tiempos, que los altos IQ son trastornos psicológicos y que un niño con talento no podrá ser deportista, se califican con la misma escala.

A medida que avanza la tecnología tienes a tu alcance mayor cantidad de datos, sin pines que establezcan una ubicación consecutiva o indicaciones que por lo menos acoten la ruta hacia ella. Es comprensible confundir tu dirección de vez en cuando.

La especialidad se requiere cada día con más hincapié; se ha descubierto y creado tanto que sentar las bases debe diluirse casi por completo. Hemos evolucionado como especie. Memorizar leyendas de las eras geológicas no nos hará descubrir el origen de la célula ni estudiar medicina general nos hará expertos en sarcomas.

Significa que la información que recibes requiere una constante revisión, porque la capacidad cerebral se expande, adquiere plasticidad. Necesitas conocer para qué te sirve lo que estás aprendiendo, no sólo como idea, sino como aplicación. Debes limpiar las estrategias y fortalecer tu disciplina desde antes, quiero decir: prepararte.

La vocación es un compendio de habilidades que no cualquiera tiene la dicha de abrazar; suma pasión con conocimiento al fuerte deseo por contagiarlos.

He tenido esa fortuna y me siento indescriptiblemente agradecida por ser testigo de personas con dominio sobre la transmisión que dedican su vida a disfrutar del escenario, retando la capacidad mental con tal fe que te hace pensar que no sabes nada en primera instancia. Ellas te hacen dudar si eres capaz y cuán gustoso es que estén ahí contigo, privilegiado por la calidad del salto, el empujón al conocimiento.

Guías. Ojalá todos los que tienen el puesto lo fueran y pertenecer a ese grupo de personas se valorara más.

Conseguir un título (no quiero hablar de los adquiridos sin elección) en general es agotador, retador; en realidad contiene todos los infinitivos que se te ocurran y da pie a experimentar el sentido de tu vida.

Ser una madre es aspirar, todos los días, a ser un superhéroe, genio, excelente por definición; ciertamente abruma la exigencia personal. Y si a eso le añadimos la creatividad del ocioso, 50 cámaras que esperan a la salida, artículos que juzgan signos y el alcance de los medios, miles de ojos que asechan la viga de equilibrio, firmado está que se convertirá en eslinga.

Los guías, además de trabajar por su vida, deciden entrometerse en la tuya y conforme tú absorbes también demandas; los empujas para integrar elementos que mantengan tu atención. Retumban sus sienes para comprender tus límites, procuran tus victorias, protegen tu desgaste, tu descanso. Deben lograr que los músculos estén relajados en medio de la alta tensión, que te vuelvas uno con tu cuerpo tras múltiples situaciones.

No todos los guías cuentan con el mismo alcance, algunos sólo retroalimentan tu desempeño y no pasan más de una hora en consulta contigo. Otros apagan la luz de tu cuarto antes de dormir. Impresiona el dinamismo, pero eso es lo que eres.

Se es feliz a partir del éxito de otros, sufriendo contigo sin que te des cuenta, tratando de ir un paso adelante de la mejora, aun cuando cumples, aun cuando lo logras.

No los engañes, muestra tu verdadero rostro retirando las superficies cóncavas, los juegos de luces; de otro modo desperdiciarás esa gracia, y también les estarás faltando al respeto por verter su tiempo en ti.

Mentir es trabajar en algo sin sentido porque al no tener tu verdadera cara habrán propuesto cosas sin fundamento; habrá temas que no serán erradicados. Aun si se trata de tu jefe, lo esencial no es conseguir la estrella en la frente, sino el trabajo previo al desprender la estampa.

Si temes equivocarte no te llevarás nada y la labor del guía se reducirá a solventar tu maquillaje. No es verdad que eres al único al que engañas, me duele informarte. Tu inmortalidad no es física y la inercia se comporta diferente debajo de esta atmósfera.

## CONCLUSIÓN

Las actividades que realizas "en automático", que diriges y hasta editas, tienen una característica en común: al menos una vez las has concluido. Entonces requieres kinestesia para volverte experto; dominas si concluyes y profundizas si repites.

Todo propósito tiene un ciclo, uno que se define por alimentación, seguridad y evolución. El exceso de compañía, de ruido, de lo mismo, atenta contra el equilibrio de alguna de las tres razones escritas.

Una persona que nace en la calle es totalmente vulnerable, responde a su instinto y aspira porque está rodeado, pero me pregunto: ¿qué pasaría si lo aíslas? Actuaría por instinto con los recursos que tenga y los emplearía porque no encontraría otra opción.

Tú encuentras opciones porque tienes diversos recursos, los cuales te permiten armar un propósito con alimentación, seguridad y evolución. No interesa la clase ni el cómo, las tienes.

Los plazos se relacionan con los recursos de sobra, por cuán lejos alcanzas a ver. Mientras la comida de la persona sin hogar puede tener un plazo de un día, tu proyecto puede ser a un año. Entonces surge otra pregunta. Si siguen y siguen ahí, ¿será cuestión de aspiración o conformismo? ¿Y en tú caso será comodidad o procrastinación? Lo pregunto porque tú puedes ver más allá del propio año.

He visto personas apartarse de esas butacas con honestidad, humildad y perseverancia, pasando de metas diarias a semanales, de semanales a mensuales. El tope no interesa ni lo que deba rodearlos porque ese no es el mensaje que te quiero transmitir, sino que es posible.

Con metas a un día algunos logran cumplir más de 365 en un año. ¡365 metas concretadas sin un propósito completo!

Quizá esas personas tomen riesgos porque no sienten que tienen algo que perder; he aquí la responsabilidad frente a la necesidad, la capacidad desperdiciada por mínima que ésta te parezca.

Encontrar el "pero", averiguar lo que bloquea la justificación de las conclusiones u obtener argumentos que expliquen la frustración de tus actos.

Permanecer en movimiento desplaza los extremos del prisma, al dedicarte al aporte y no sólo a hacer tiempo. Mientras más concluyes, concibes menor presión, mayor confianza, menor duda, mayor experiencia; alimento, seguridad y evolución para tu cuerpo, tu alma y el resto.

Las leyes nacen a partir de la repetición. Los fenómenos, que en teoría se han estudiado, han tenido que ocurrir a lo largo de la historia una y otra vez, las suficientes para que ese planteamiento haya sido, además de validado, transmitido.

La retroalimentación levanta el polvo, mantiene la flexibilidad en los pensamientos; cualidad que asegura desplazamiento cuando resbalas, virtud que admiras al tropezar cuando caminas.

No concluir esconde de lo que eres capaz. Es extraño que se exhiban en una galería las obras inconclusas, y no lo escribo porque aún el papelito hable, que es cierto; el Nobel no trascenderá dentro de tu cuarto y sin talentos evidentes ni tú podrás consolidarlos.

La mejor receta jamás probada no le hará daño a nadie, pero tampoco notificarán al chef. Lógralo una vez y lo sabrás posible, termínalo y tendrás no sólo la dicha de que va con tu estilo, también confirmarás cómo es verlo funcionar.

Por sencillo que parezca, así sea origami, créelo; te sorprenderá el poder que tiene un avioncito.

# FE

En tiempos caóticos parece ser lo primero que se pierde. Es difícil descifrar cómo es que sin ella perdura la esperanza, quizá sea como el recordatorio de que se ha perdido total o parcialmente.

Todos trabajamos sobre nuestro espejo, así es, de nuevo el artesano, de nuevo tú. Mientras mejor te conoces, mejor te ves, el riesgo es que si no le eres fiel a tu reflejo podrías perderlo de vista.

Fábulas y refranes por generaciones han contado; falsas apariencias complican vender la idea de que aun sin ellas valdrá la pena andar contigo. Es el peligro que corres por inteligente, quienes ronden cerca verán lo que quieres que vean mientras no pierdas el control.

Se esperaría que soltando la perilla trasera mejorara la calidad de tú imagen; que entre una y otra procuraras lo que proyectas, ya que de ello depende el crear la próxima oportunidad, de abrir o inhabilitar la puerta.

El viaje no siempre es ameno y mantenerse al mismo ritmo proyectando de manera positiva es casi inhumano, por lo que a la fe se le abraza. Cualquiera que sea tu creencia, ésta te recuerda el cómo, te centra en el qué.

Toda relación mejora conforme la madurez de ambas partes aumenta, lo que causa inconformidad es lo que no se acepta porque no compartes la idea o porque no has conseguido lo idóneo para bajar la cabeza.

La fe no es evidente hasta que te rindes y detienes el afán por generar ángulos u ovoides; es tan benévola que sólo te acepta a ti, plano, dispuesto a pulirte, a no frenarte después.

El acceso estará libre para ti desde que quieras realmente que suceda, volviendo a ese objetivo un salvaje preso de tu mente y una palanca para empujarte a cualquier plazo. La adaptación en sí implica aceptación, el medio y tú sobre un vaivén; debes confiar en que el entorno lo hará: ceder para que tu seas. Si no, ¿cómo él podrá confiar en que cumplirás tu parte? Pasos cortos, pero firmes.

La prisa demerita la fluidez de las ejecuciones, les resta cobertura sobre una llave, aparte, la falta de orden engaña por actos terminados con premura, forzando que tarde o temprano pase lo que tenía que pasar.

Demostrar es tedioso, lo es; sin embargo, la versión sensata sólo la conoces tú. Así que en estas instancias es el recurso que te queda mientras comienzas a labrar el nuevo o te ocupas en reparar el difuso. Evita el papel del cartero y el álbum de fotos.

Encantar por complacer no es precisamente a lo que me refiero, al único que se lo debes es a ti mismo. El espectador te notará, pero que le agrade o no lo que vea te hará el favor de filtrar mensajes, incluyendo remitentes.

La fe es un complemento que protege como una segunda piel, tan necesaria como el agua, hasta ella la requiere. Al agua no le cuestionas si realmente te compone, pero tu cuerpo pide y tomarla atenúa la sed. Cómo trabaje al 100% tal vez no lo sepas, pero te purifica, como si te transmitiera el mismo proceso por el que tuvo que pasar para poder otorgarte dicho beneficio.

Te invito a que conozcas la fe, que goces de su protección; aterriza en ella tu confianza. Si la percibes a tu lado proyectarán en conjunto, eso significa que será tu distinción.

Ella es fiel e independiente, así que si la olvidas no temas hablarle de nuevo, no guardará rencor y estará dispuesta a comenzar de cero para reconstruir su relación.

# SIN OBSTÁCULOS EN CAMPOS MINADOS

## MÁS ALLÁ DE LA REALIDAD VIRTUAL

Visualiza un juego apasionante y adictivo en el cual el objetivo principal es aspirar a nuevas percepciones, dónde las estrategias son clave y la única herramienta permitida se adopte tras el primer latido.

Con la libertad de realizar cualquier acción, el personaje que protagoniza la historia actúa casi sin analizarlo; recibe energía cada segundo, manteniendo activos los sentidos, notando el más mínimo movimiento a su alrededor.

La partida se desata sobre un terreno lleno de obstáculos, invadido por enemigos que llegan en forma similar al mismo escenario; quienes, sin noción de sus fronteras, comparten el conocimiento de que forman parte de su juego.

Los personajes concluyen diversas misiones con el ritmo cardiaco a tope; buscan constancia para continuar. Sin dudar que las metas serán suyas descubren nuevos trucos bajo su control, combinaciones que toman ventaja cuando es posible, y con la velocidad en que sus habilidades conciben tornarse hábitos.

Ahora piénsalo como si fueras tú el que tiene ese control, el que se apasiona por conseguir cualidades, fortalecer sus estrategias, y quien busca obtener la mejor arma y sumar puntaje. Sin mirar atrás recuerda los movimientos aprendidos, como cualquier inexperto llega a sentir dolor al errar, caer y continuar herido, ignorando noción de los daños, convirtiendo el dolor en adrenalina y elevando el ego al pelear por el siguiente nivel.

Que estando el juego tan bien elaborado te sea inevitable despegarte de los comandos; la emoción de vivirlo sea tan grande que provoque gritos en tu voz, retos que enfrenten a los peligros que te asechan y repulsión hacia aquello que acabaría contigo.

Imagina el rededor temblando al no poder detenerte, derribando barreras, escalando montañas. No desear más que seguir moviéndote dentro de ese terreno.

La partida refleja la autenticidad del protagonista. Por etapas, el juego se torna intenso y admiras cómo la cantidad de paisajes aumenta la definición de tu pantalla.

Ser cada vez más rápido, falles con menor frecuencia y aumentes o arriesgues tu integridad, dependiendo de cierto número de vidas. Procurar conseguir bonos extras y, como consecuencia, recibas uno que otro apoyo oportuno.

La música del juego, capaz de volver a tu movilidad rítmica, aparte de melodías que no concuerdan con tu compás, que no avancen con el mismo son ni sigan tus pasos; aunque conserves su esencia, porque amparan lo que fuiste y serán causa de la gran composición que has logrado.

Que tu estilo sea moldeado, que como personaje seas eficiente, que tus debilidades sufran metamorfosis y aumente el número de tus virtudes. Que las dudas dejaran de afectarte, las razones sobraran y los modos de agotar recursos se desvanecieran.

Entre tanto, detenerte. Concebir profundos suspiros recorriendo cada célula en tu cuerpo; sentirte completo a pesar del cansancio; tocar las moléculas de agua que recorren tu garganta. Sobre la cima de una gran colina, lugar ideal, donde el panorama ocasione que una lágrima se deslice sobre tu mejilla. Sonreír mientras volteas, notando cuánto va desde que rebasaste la meta. Traduce la asimilación más próxima en el eco más profundo.

Lo anterior se asemeja a la vida cotidiana; representa el crecimiento y el aprendizaje que vivir puede otorgarte, el privilegio de disfrutarla, para ejercer esa envidiable libertad y así volver a esa bella definición parte de la tuya.

## ¿CÓMO VOLVERSE ROCA?

¿Por qué ser indestructible para llegar a la cima? ¿Por qué ser "el destructor" cuando lo has logrado?

Como el aguijón que una abeja utiliza en su defensa, la cual muere al instante por responder a un instinto, del mismo modo respondes al enfrentarte con situaciones que atentan contra tus planes. Si bien no compartes ese mismo desenlace deberás afrontarlo.

Las consecuencias te moldean, es esa significativa diversidad la que demuestra que la perfección es "ideal" como meta intermitente, la cual aguarda en vela sin omisión alguna.

Conforme te familiarizas con algo te sorprende menos; lo ignoras más sin restarle importancia. Conocer los procesos te permite omitir algunos pasos y trabajarlos con tu propio carácter.

Bio-lógica es lo que tu cuerpo utiliza para formar un callo cuando constantemente te produces una ampolla; flexibilidad cuando estiras e hipertrofia cuando cargas repetidamente.

Dejarte sorprender importa, sin embargo, reaccionar del mismo modo siempre remarca un desperdicio. Dar un buen discurso en una segunda ocasión, en vez de saltar de alegría sin aliento, define madurez, no amargura; afrontar sin llanto una pérdida no te vuelve inhumano; entender que la erosión convierte piedras en preciosas no te vuelve egoísta, y omitir la foto con *La Gioconda*[10] no añade ignorancia.

Juntos hemos dirigido nuestra clasificación a la aptitud; actualmente nos regimos a través de indicadores y razones de cambio que inmediatamente hacemos moda para conservar.

Al crecer no te conviertes en material indestructible ni te conforman desechables, así que aprendes a defenderte, reconoces tu vulnerabilidad y desplazas tus umbrales.

Alentar un impulso se facilita cuando eres moldeable, agregas masa y sacas provecho de las diferencias de presión. Llega el momento en que los problemas te sugieren

---

[10] Obra renacentista elaborada por Leonardo Da Vinci, retrato de Lisa Gherardini.

soluciones, dejando varios pies de separación entre todos aquellos que no lo soportaron ni se atrevieron a enlazar otra dirección. Experimentas lo que en realidad funcionó como la cuerda que logró elevarte, con densidad en cada idea, en las ganas de seguir.

Entonces está bien volverse roca mientras recuerdes la transición, y si eres consciente de que los papeles acaparan y de vez en cuando se solicitan cortes.

No se sabe bien de qué modo te mueves con mayor facilidad cuando generas energía; todo marcha como si se vertiera aceite con mejor calidad. Se extienden alfombras cuando trabajas en tu condición personal y compartida.

El saber a qué se refiere la definición de un "sentimiento" dirige hacia ti un doblez medio con la receta para provocarlo; comprobar cómo funciona te desliza la fórmula para llevarlo a cabo. Empatía no es, porque no siempre te identificas; tolerancia tiene su rango, pero podría ayudarte; entendimiento, ya que no basta comprender para dirigirse en modo adecuado, y astucia, para descubrirte delante de una mina.

## BLOQUEO MENTAL

Recordando aquel típico acto en que una paloma blanca es introducida en el sombrero negro que luce un mago, donde espera un símbolo de serena revelación y sin huir se esfuma como ilusión, así desaparece lo que has retenido por horas: lo bloqueas.

Sabes el tema central, no deben contártelo. Conoces tus emociones y te aterra que rindan cuenta de ello; tu mente llega a un punto de fusión en el cual las ideas se cristalizan, como si su deseo fuese no manipularlas, no tener chance ni de tocarlas por un instante.

Una especie de frustración conocida rodea los métodos, confunde las conexiones; te pierdes al seguirlas, tratando de explicar los pasos anteriores, pero careces de justificación al comprobarlos.

La ignorancia de neuronas en el cardio y la sensibilidad en los filamentos a veces no permite ni callar, y emite un parpadeo, alerta de saturación, reinicio o *reset*[11] por falta de limpieza. Introspección para mantenerte vivo, meter el freno y aislarte. Semejante a un corto circuito donde el flujo de energía es infinito si la resistencia se esfuma, se forma un puente entre la entrada y la salida, cuyo propósito es actuar como nodos que conducen a las respuestas, impidiendo que se regule la intensidad de una lluvia desordenada de información; experiencia que vuelve siempre portando el mejor semblante.

Es natural buscar estrategias sobre tu desarrollo con fines que ni siquiera comprendes. Te exiges el deber ser, replicándolo en actitud y refugio. Crees en toda ocasión que la elección correcta debe ser planeada y estudiada con sumo detenimiento, que necesitas ahuyentar fallas aun cuando los resultados podrían obtenerse analizando también lo peligroso o simplemente improvisando; gran cuento que no pierde de vista el hilo de la trama, moraleja ramificada, oculta al imponer circunstancias que nacen con el presentimiento.

Los antiguos egipcios creían que la muerte ocurría cuando las esencias espirituales de una persona

---

[11] Del inglés. Se traduce como reestablecer. Termino común en electrónica.

abandonaban su cuerpo. Es peculiar sentirlo aún en vida y que además sea posible más de una vez.

Hay indicios que demuestran desconfianza en tu interior, ellos confirman que aterra lo que viene: esperar resultados que no lograrán nada o dudas que te otorgan vagas respuestas. Entre los interrogatorios se hallan ocultas promesas que generan inseguridad.

Existe divergencia, en ocasiones bastante, entre lo que vemos y lo que hay, pero si estás conectado a tu sintonía, los miedos, límites y tendencias negativas se esfuman; llegan a ser solamente una capa de ignorancia absurda, delgada, que logró convertirse en pequeños e insignificantes recuerdos.

Admite que has fallado cuando así sea, algo que debes resaltar es que sientes, enriqueces y transformas "tu realidad, tu vida". Descubre tu definición de obligatorio.

Que te vaya bien no quiere decir que es allí donde te quedarás. Haz caso a los letreros, insiste si es que llevas la cajuela repleta de *stops*[12].

Analiza tus diagramas de tendencia, observa el lado al que se acercan los tuyos, toma los primeros dos que pertenecen a la plantilla. A partir del tercero debes descubrir cómo manejarlos. Cuestiónate si se puede alcanzar la calificación que te sienta bien en cada cualidad, cada meta; párate ahí y si tiene solución, aplícalo.

Relajarse e ignorar novedades difieren. Conserva un incremento de velocidad con alas abiertas; date la posibilidad de aprovechar el flujo de viento opuesto a ti; deja

---

[12] Referente a letreros de tránsito. Del inglés *stop*, que significa detente / alto / para.

oprimir con rapidez la presión que somete tus hombros, como la masa que suele impedir tu avance.

La curiosidad habita en el sentido que encuentras al continuar. Si no disfrutas, te conformas o te parece insuficiente, vale revisar tu escala de especialidad.

Cuando te toque jugar, ¡juega! Porque la partida inicia una sola vez y la siguiente será eso: la siguiente.

## SOLEDAD Y ENAMORAMIENTO

—Hoy siento lo que escucho, escucho lo que veo, saboreo lo que siento y veo lo que percibo. Todo parece tan diferente que atrae. He hallado una cierta necesidad por huir, por encerrarme e ignorar lo que ocurre a mi lado. Logro estar, escuchar con atención y dejar que cada pensamiento fluya al recorrer mi mente; no tramo detenerlo, sino que sigo el ritmo de mi respiración. Apartado con el retiro que me acompaña no imagino cuándo requeriré de nuevo su presencia. Parece ser que a este amigo lo conozco más de lo que suponía, y debo decir que es bastante coherente conmigo—.

La privacidad enmarca la maravillosa historia de la soledad, confundida tantas veces con tristeza.

Soledad aquí en territorio sobrepoblado: un planeta que parece enorme con tan diminutas dimensiones en el Universo. Es un sitio que parece no tener cupo y espacios en los que sientes que no hay nadie alrededor.

Aunque parezcan ajenos, la soledad y el enamoramiento comparten una relación estrecha. La línea que divide estas dos palabras es realmente tenue.

Es posible estar en medio de una relación y sentirse sin compañía, desear sólo estar enamorado o desear que no haya nadie marcando su presencia, acompañado.

La independencia absoluta genera paz al apreciarla, derrama toneladas de conocimiento y encubre un sin número de cambios. Paz inmersa en el alma, la grandeza que pocos gustan apreciar.

Todo conocimiento es llamado al evento, debes ser firme, forzar a que los cimientos soporten cualquier turbulencia, trepidación y oscilación que se presente. Nada debe sorprenderte, sólo asombrarte.

Respira en diferentes sitios y comprueba con qué calidad de aire te parece adecuado que funcione tu cuerpo.

La mejor forma de conocer el amor es imprimirlo a través de las acciones, eso te involucra en primer término. Es egoísta pensar que te encontrarás satisfecho siempre. Incluso en culturas legendarias hubo guías que alejaron ese pensamiento.

La verdad es que estás solo, aunque te niegues, por el olvido hacia la sensación que caminar a solas representa, por la costumbre inquebrantable del itinerario.

Busca distracciones, eso lleva a la confirmación, al descubrimiento de aquello que complementa. Tienes las maravillosas virtudes de ser genéticamente distinto, unirte y producir buenas combinaciones.

## APROVECHA LA CORRIENTE

Estar solo es divertido hasta que el *boomerang* se convierte en *frisbee*[13].

---

[13] "Boomerang" y "frisbee" son objetos aerodinámicos para deporte o juego.

A pesar de lo hermoso que es el hecho de vivir contigo, el exterior también tiene lo suyo. Infinidad de cosas aguardan tu atención y ese es el punto: el mirar hacia otro lado te afirma ser parte del todo.

Razones existen para convivir con aquellos que te rodean: encuentros con diferentes especies; compuestos perfectos que se hallan sorpresivamente ligados, trabajando en secuencia con partes esenciales, piezas que no pueden faltar, con objetivos que dependen y forman principios anónimos.

Hacen falta temidos sacrificios, los cuales forman parte de la orientación que recibe tu propósito. La flexibilidad ante la convivencia suele ser benéfica si lo que concibes es conocer sin objetar.

Producir incomodidad sobre momentos de calidad orilla a tomar distancia y provoca incrementos de ira, escasa de necesidad.

La creatividad es un relato de los sentimientos. Si eres feliz, aunque no seas bailarín improvisas nuevos pasos, tomas cepillos de cabello como micrófonos y compones melodías con las palmas de tus manos. Cuando estás triste eres capaz de componer poesía melancólica o plasmar viajes sobre lienzos. La rabia ha sido autora de novelas clásicas.

Posterior a un accidente o algún tipo de pérdida, el dolor y otros efectos que se desprenden, acotan. Incluso la edad logra engendrar fobias al retener lo adverso como acontecimientos cotidianos, riesgosos e intermitentes.

Caminar a través de puentes colgantes cuando las rodillas tiemblan en busca de pasos firmes, tirar de las cuerdas defendiendo la última alternativa y despreciar la capacidad de toda fibra que las compone, definen la motivación que atrae estabilidad y ésta, a su vez, atrae a la motivación.

He comprobado que sólo al llegar a la admiración, es decir, valorar el formar parte de este mundo y ser capaz de evolucionar con él, estás listo para recibir cualquier recurso, el que requieras.

Devuelve y llena cada una de las desviaciones. Hay personas que darían la vida porque estuvieras bien; reconoce lo que han entregado a cambio por tu beneficio. Tus acciones son independientes, no culpes el retraso de tu aprendizaje.

Se "indispensable", pero asegura cambiar de sobrenombre a posteriori. Entrega el *sash*[14] y asienta la seguridad en esa entrega.

## ¡VIVE!

Porque vivir es lo que te apasiona, lo que te llena y transporta, el tiempo no existe cuando lo haces en verdad; tu mente se enriquece y con ello tu alma se envuelve. Eres dueño de un rumbo por encima de tu imaginación, porque sea cual sea la misión lo crucial es que tú estés bien.

Viaja mediante el paraíso no reconocido; comprende y trasciende: CON TODO LO QUE ERES.

---

[14] Banda que rodea pecho y espalda como símbolo de honor o distinción.

# REFERENCIAS BIBLIOGRÁFICAS

Cambridge University (2021). Sash. Recuperado de Diccionario: (https://dictionary.cambridge.org/es/diccionario/ingles/sash).

Castillo, F. (2016). *La voz del artista*. Recuperado de TEDx Talks: https://www.ted.com/talks/fernanda_castillo_la_voz_del_artista

DGIRE, UNAM (2016). *Maniobra de Heimlich*. Recuperado de Salud: https://salud.dgire.unam.mx/PDFs/Maniobra-de-Heimlich.pdf

Editorial Grudemi (2019). *La Gran Depresión*. Recuperado de Enciclopedia de Historia: https://enciclopediadehistoria.com/la-gran-depresion/

Colaboradores de Wikipedia (2021). *Caperucita roja*. Recuperado de Wikipedia, La enciclopedia libre: https://es.wikipedia.org/wiki/Caperucita_Roja

Gómez, A. (2020). *La muerte en el antiguo Egipto*. Recuperado de Rincón de la Historia: https://recreacionhistoria.com/la-muerte-en-el-antiguo-egipto

EDU- Q (2021). Quote by Thomas Reid: "The chain is only as". Recuperado de Education quotes: https://edu-quotes.com/quotes/thomas-reid/the-chain-is-only-as